Capital humain, croissance économique et commerce international en Afrique

Questions contemporaines
Collection dirigée par Jean-Paul Chagnollaud, Bruno Péquignot et Xavier Richet

Chômage, exclusion, globalisation… Jamais les « questions contemporaines » n'ont été aussi nombreuses et aussi complexes à appréhender. Le pari de la collection « Questions contemporaines » est d'offrir un espace de réflexion et de débat à tous ceux, chercheurs, militants ou praticiens, qui osent penser autrement, exprimer des idées neuves et ouvrir de nouvelles pistes à la réflexion collective.

Dernières parutions

Laureline FONTAINE, *Lire les constitutions*, 2019.
Michel BOURSE et Halime YÜCEL, *Communication interculturelle : mode d'emploi*, 2019.
Dominique RIVIÈRE, *Quand surveiller c'est punir*, *Vers un au-delà de la justice pénale,* 2019.
Laureline FONTAINE (coord.), *Lire les constitutions*, 2019.
Guy VALLANCIEN, *À l'origine des sensations, des émotions et de la raison, J'aime donc je suis*, 2019.
Etienne BAKISSI, *Bien commun et démocratie pluraliste. Intérêt général et subsidiarité*, 2019.
Dominique GODARD, *Éthologie de la campagne présidentielle 2017*, 2019.
Christian JOUVENOT, *Macron, tombé du ciel !,* 2019.
Najwa EL HAÏTÉ, *Laïcité et République, Considérations sur la République Française*, 2019.
Joseph DIÉMÉ, *La répudiation du tribalisme sous l'ère Barack Hussein Obama*, 2019.
Pierre EGLOFF, *L'homme augmenté, l'homme diminué*, 2019.
Bruno PÉQUIGNOT (dir.), *Les industries culturelles et créatives dans la mondialisation*, 2019.
Etienne LEVESQUE, *Les impôts du bonheur, Pour une révolution fiscale écologique et européenne*, 2019.
Jean-François KESLER, *Les idées politiques et les partis en France, La force des idées, la logique des organisations*, 2019.

Sous la direction de
Cécile Bastidon, Azzedine Ghoufrane,
Nassim Oulmane, Ahmed Silem

Capital humain, croissance économique et commerce international en Afrique

L'Harmattan

5-7, rue de l'Ecole-Polytechnique, 75005 Paris

www.editions-harmattan.fr

ISBN : 978-2-343-17771-7
EAN : 9782343177717

Sélection d'ouvrages et d'articles récents des auteurs

Cécile Bastidon-Gilles "Drastic times call for drastic measures: The ECB LTROs and credit in the Eurozone before and after December 2011". *Journal of Economic* Issues, 53(1), 2019, (avec Ph.Gilles et M.-S. Gauvin). ; "Conséquences macroéconomiques de la fragmentation des marchés d'actions", dans S. Galanti (ed.), *Risques fi nanciers*, Presses Universitaires de Rennes, 2018, "Stock markets fragmentation, volatility and final investors", *Annals of Finance*, 2017, 13(4),.

Azzedine Ghoufrane, Le multilatéralisme commercial multilatéral à l'épreuve du régionalisme et plurilatéralisme, In *Vulnérabilités, échanges et tensions dans l'espace méditerranéen, L'Amer Méditerranée,* L'Harmattan, 2017 ; Transformations structurelles et institutionnelles des économies au sud de la Méditerranée, Vol. 37, 2016 - Issue 2 *Canadian Journal of Development Studies/Revue canadienne d'études du développement.* Aid for Trade as a catalyst for trade facilitation: A Moroccan perspective, (avec N. Boubrahimi) in *Trade Costs and Inclusive Growth Case studies*, Publications de l'OMC, sous la direction de R. Teh, Maarten Smeets, M. Sadni Jallab et F. Chaudhri. 2016

Philippe Gilles *: L'actualité des Textes fondateurs. Adam Smith, Karl Marx et John Maynard Keynes*, Paris, Editions "Classiques Garnier", 2018, 210 p. ; *Histoire des faits économiques et sociaux de 1945 à nos jours*, Paris, Dalloz, coll. « Précis », 4e édition, 2016, 544 p. (avec A. Beitone & M. Parodi). ; *Histoire de la globalisation financière. Essor, crises et perspectives des marchés financiers* *internationaux*, Paris, Armand Colin, coll. « U », 2010, 376 p. (avec C. Bastidon & J. Brasseul) ;

Yusuf Kocoglu « Municipal Solid Waste and Development: The EKC Evidence for Mediterranean Countries », avec A. Gnonlonfin et N. Peridy, *Région et Développement,* n° 45, 2017, pp 113-130 ; « Stabilité financière, accessibilité au crédit et dynamique des exportations des pays MENA méditerranéens », *Canadian Journal of Development Studies*, 2016, pp. 1-19, avec C. Bastidon-Gilles. ; "Unconventional monetary policy in the euro zone: a lack of forward guidance?", avec C. Bastidon et N. Huchet, *Emerging Market Finance and Trade,* Volume 52, Issue 1, January 2016, p. 76-97.

Nassim Oulmane *Crise… naufrage des économistes* (avec H. Ben Hammouda et M. Sadni-Jallab) De Boeck, *Introduction à la théorie de l'assurance* Dunod, *émergence en méditerranée Attractivité, investissements internationaux et délocalisations* (H. Ben Hammouda et R. Sandretto) L'Harmattan, et des articles dans des revues d'économie internationale (*Canadian Journal of Development Studies, Journal of Economic Integration, Oxford Development Studies, Mondes en développement, Revue Economique, Journal of Economic Development,…)*

Ahmed Silem, « Les coûts du non-Maghreb, une revue de la littérature communication à la *Table-ronde « effet frontière »* du 21 mars 2019, iReMMO - Institut de Recherche et d'Études Méditerranée Moyen-Orient- Paris, 35 p ; « Archives, démocratie et gouvernance publique : une approche conceptuelle » in Y. Sghir et K. Habchi *Mémoire et archives en période de transition démocratique*, ISD, Tunis, 2018, pp 27-44 ; "Les nouveaux visages africains francophones en sciences économiques", *RIF* n° 11 : http://rifrancophonies.com/rif/index.php?id=659

Introduction[1]

L'entrée dans l'ère de l'économie de la connaissance explique le regain d'intérêt pour le capital humain et son rôle dans le développement. Ce capital humain, qui recouvre « l'ensemble des connaissances, qualifications, compétences et caractéristiques individuelles qui facilitent la création du bien-être personnel, social et économique » selon définition de l'OCDE (2001), résulte des investissements réalisés sous forme de dépenses d'éducation, de formation, de soins médicaux, etc., comme l'indiquent successivement les initiateurs de la théorie du capital humain Theodore Schultz pour la perspective macroéconomique (1956, 1960, 1961), d'une part, et Jacob Mincer (1958, 1993) et Gary Becker (1964, 1975, 2002)., d'autre part, pour celle de la microéconomie portant sur le montant de la rémunération salariale.

Schultz (1950, p.11, cité par Charlotte Le Chapelain et Sylvère Matéos, 2018) justifie le terme investissement en expliquant que ces dépenses ont pour effet d'améliorer les capacités productives des individus. C'est aujourd'hui une conception largement partagée comme le confirme l'OCDE dans sa définition fonctionnelle du capital humain en tant que « bien immatériel qui peut faire progresser ou soutenir la productivité, l'innovation et l'employabilité » (2001). Fonctionnellement, dans la critique du

---

[1] Cet ouvrage exprime les opinions personnelles des auteurs de chaque chapitre. Il ne représente nullement la position ou les points de vue de l'UNECA, de l'UNIDEP, de l'OMC ou de ses Membres, ni d'aucune autre affiliation institutionnelle d'appartenance des auteurs et des éditeurs. Les éditeurs souhaitent remercier le Comité scientifique et les participants de la 12ème édition du colloque international de Rabat « capital humain et échanges internationaux » organisé par la Chaire de l'OMC de l'Université Mohammed V, la faculté des sciences juridiques, économiques et sociales Souissi, la faculté des sciences de l'éducation, la Commission économique des Nations Unies pour l'Afrique et son bureau régional pour l'Afrique du nord et le laboratoire d'économie appliquée au dévelopement de l'Université de Toulon. Le soutien de la chaire de l'OMC de Rabat a été essentiel pour cette publication.

modèle de croissance de type Harrod-Domar que Schultz formule très tôt, le capital humain est ce qui explique la part de la croissance inexpliquée par le travail physique et le capital matériel. Dans son article de 1961, Schultz affirme même que l'essentiel de la productivité totale des facteurs s'explique par l'éducation. Autrement dit l'investissement dans la formation, l'apprentissage et plus généralement dans l'éducation joue le rôle plus déterminant (*cf.* T.W. Schultz [1961]). Jess Benhabib et Mark M. Spiegel (1994) ont validé empiriquement la relation de détermination du taux de croissance de la productivité totale des facteurs par le niveau de stock de capital humain d'un pays. Les tests qu'ils ont appliqués à cette spécification indiquent un rôle positif pour le capital humain. Deux ans plus tôt, avec l'article de Mankiew - Romer et Weil (1992), c'est le modèle néoclassique de Solow qui fait l'objet d'un amendement par l'intégration du capital humain dans la fonction de production. Toutefois il semblerait, selon Marc Gurgand (2000), que la corrélation entre éducation et croissance économique soit davantage une conviction logique qu'une relation parfaitement testée, car « la productivité du capital humain est, plus que celle d'un autre facteur, sensible à l'environnement économique » (p. 72). Sans aller dans une analyse fine de types de formation et d'éducation, la relation « capital humain – croissance économique » est effectivement délicate à tester, dans la mesure où le facteur capital humain agrège l'éducation, l'apprentissage mis en relief par Kenneth Arrow (1962) et la santé. Néanmoins, quelques études empiriques citées plus haut comme celle de Benhabib et Spiegel (1994) ou plus récentes comme celles de Gérard Tchouassi (2016) et de Melloul et Amara (2016) ont pu mettre en évidence la corrélation positive entre capital humain et croissance économique. Melloul et Amara, qui ont distingué les différentes variables du capital humain (dépenses d'éducation, dépenses de santé, espérance de vie) arrivent à la conclusion selon laquelle il existe une corrélation positive entre les variables du capital humain et la croissance économique.

Aussi, par conviction soutenue par des études empiriques validées, le « projet pour le capital humain » de la Banque mondiale, qui calcule depuis 2018 un indice de capital humain par pays (voir encadré)[1], apparaît pertinent. Son objectif est « d'accélérer la réalisation d'investissements nombreux et de qualité dans les populations, et de favoriser ainsi l'équité et la croissance économique ». C'est aussi pour faire face aux défis que représente la concurrence à l'échelle mondiale, que les économies en développement et émergentes (EDE) ont adopté dans ce contexte des politiques publiques spécifiques en matière d'enseignement et de formation favorisant l'accumulation du capital humain.

Le Nouvel Indice du capital humain de la Banque Mondiale

Les insuffisances du PIB par habitant pour apprécier les performances d'une économie ont donné lieu aux développements de différents indicateurs portant sur des aspects qui ne se réduisent pas aux seules données économiques (production, consommation, revenu). C'est notamment le cas avec l'indice de développement humain (IDH) du PNUD qui fait la synthèse des indices de niveau de vie, de santé et d'éducation, ou l'indice du bonheur mondial* calculé par l'ONU synthétisant cinq facteurs a) Paix et sécurité, b) Liberté, démocratie, droits de la personne humaine, c) Qualité de la vie, d) Recherche, formation, information, communication, culture, e) Les bonnes et les mauvaises nouvelles.

Récemment, en 2018, la Banque Mondiale a créé l'indice du capital humain**. Calculé actuellement pour 157 pays sur 189 pour le PIB, il a pour objet de mesurer les pertes de productivité économique subies par les pays qui sous-investissent dans leur population.

Le nouvel indice de la Banque Mondiale cherche à mesurer l'investissement des pays dans le capital humain, qui se définit comme étant l'ensemble des connaissances, des compétences et des conditions de santé que les personnes acquièrent au cours de leur vie. Les facteurs constitutifs sont :

- La survie : un enfant né aujourd'hui atteindra-t-il l'âge d'aller à l'école ?

[1] http://www.banquemondiale.org/fr/publication/human-capital

- La scolarité : quelle sera la durée de sa scolarité et quels seront ses acquis ?

- La santé : cet enfant sortira-t-il du système scolaire en bonne santé, prêt à poursuivre ses études ou à entrer sur le marché du travail à l'âge adulte ?

Cet indice estime le niveau de capital humain qu'un enfant né aujourd'hui pourrait atteindre d'ici ses 18 ans, compte tenu des investissements dans la santé et l'éducation réalisés par son pays. Plus précisément, il mesure la distance qui sépare un pays d'une situation optimale de scolarisation et de santé. Il varie de 0 (moins bonne note) à 1 (meilleure note).

Par exemple, un indice de 0,5 indique que, dans ce pays, un enfant ne réalisera en moyenne que 50 % de son potentiel, par rapport à ce qui aurait été possible s'il avait bénéficié de conditions de santé optimales et d'une scolarisation complète et de qualité.

* Cf http://www.globeco.fr/indice-bonheur-mondial/bonheur-mondial-edition-2018

** *"World Bank. 2018. The Human Capital Project. World Bank, Washington, DC. © World Bank. https://openknowledge.worldbank.org/handle/10986/30498 License : CC BY 3.0 IGO."*

L'objet de cette introduction est de présenter, de manière synthétique dans une première section, les fondements théoriques et quelques références aux travaux de validation empirique de ces politiques puis, dans une deuxième section, les spécificités des pays africains et plus particulièrement ceux du Maghreb et, dans la troisième section, les principales contributions des différents chapitres et comment celles-ci s'intégrent dans la thématique de cet ouvrage.

1. Capital humain et croissance économique : de la théorie aux faits empiriques

Les nouvelles théories de la croissance[1] auxquelles sont associés les travaux de P. Romer (1986, 1987, 1990), R. Lucas (1988), G. Grossman et E. Helpman (1991), Ph. Aghion et P. Howitt (1992, 1998 a, 1998b), R. Barro et X. Sala-i-Martin (1996) et les analyses empiriques auxquelles elles ont donné lieu (cf notamment l'étude de Robert Barro de 1988 pour le NBER publiée en 1990) permettent d'affirmer que le capital humain joue un rôle majeur dans les dynamiques de développement et de croissance[2]. Ce rôle est encore plus net aujourd'hui dans les EDE. En particulier, le rôle du capital humain du point de vue du commerce international est relié à la question des transferts de technologies (Guilhon et Hammami, 2003) et de la capacité des EDE à absorber la technologie importée, aux activités de R&D et à leur valorisation industrielle, à l'attractivité des territoires en matière d'investissements directs étrangers (IDE), à la diversification des économies ((Ben Hammouda et ali, 2007). Guilhon et Hammami (2003) font d'ailleurs, en conclusion de leur article consacré aux transferts de connaissances et à la productivité du travail dans les activités de service dans les pays du sud et de l'est de la Méditerranée, qu'un capital humain suffisamment important est nécessaire pour l'adaptation et l'assimilation des technologies importées, car sans qualification de la main-d'œuvre les externalités positives de ce transfert de technologies seront très limitées.

Anatolie Marie Amvouna (1999), à partir de la revue de la littérature de travaux théoriques présentée dans sa thèse de doctorat, arrive à la conclusion selon laquelle « le capital humain joue un rôle central dans la croissance des pays qui participent à l'échange international, par le biais de la recherche-développement qui crée une dynamique de l'avantage comparatif ».

---

[1] Pour une présentation et une discussion des premières formulations, cf. Bruno Amable et Dominique Guellec, (1992), Patrick Artus, (1993), Pierre-Yves Hénin et Pierre Ralle (1994) :.

[2] Les modèles de croissance endogène ne se limitent pas à la seule prise en compte du capital humain, comme cela a été le cas avec le modèle de Sergio Rebelo (1991).

Le rôle du capital humain est également crucial du point de vue de la place des EDE dans les chaînes de valeur mondiales, au travers des besoins de capital humain et de l'organisation du travail des entreprises insérées dans le commerce international, ou encore des problématiques de migrations internationales des « cerveaux ».

Le Rapport sur le commerce mondial 2017 de l'OMC portant sur le thème « Commerce, technologie et emploi » (OMC, 2017) a rappelé que « comme le changement technologique, le commerce a une incidence sur la productivité et le bien-être. L'ouverture au commerce permet d'allouer les ressources aux activités les plus productives et accroît le bien-être d'un pays, mais les gains d'efficience en résultant obligent aussi les travailleurs à s'adapter ». Cette dernière idée est au cœur du livre co-publié par le BIT et l'OMC (2018)[1] dont les auteurs[2] affirment en titre de leur résumé analytique que le « développement des compétences est la clé d'un commerce plus inclusif ». Le capital humain, qui dépend partiellement, mais largement de ces compétences, est présenté comme « l'un des principaux catalyseurs de la croissance du commerce et de la diversification économique ». Les auteurs mettent en relief le fait que les données empiriques analysées confirment que le commerce entraîne une amélioration des compétences dans les économies développées comme dans les économies en développement.

Pour se limiter aux seules économies en développement et émergentes, on peut avancer le commerce accroît la demande de compétences et d'une main-d'œuvre qualifiée dans ces EDE. D'où la nécessité de politiques nationales publiques permettant aux travailleurs de s'adapter aux changements induits par une allocation des ressources aux activités les plus productives et par la diffusion des technologies importées (importation de biens d'équipement ; d'intrants intermédiaires et de savoir-faire). Par ailleurs, les évolutions technologiques récentes (intelligence artificielle, impression 3D, *blockchains*...) devraient fortement modifier les avantages comparatifs et les domaines de

---

[1] *Investir dans les compétences pour promouvoir un commerce inclusif.* Imprimé par le Secrétariat de l'OMC, Suisse, 2018.

[2] Marc Bacchetta, Cornelius Gregg, Stela Rubínová, et Bolormaa Tumurchudur Klok

spécialisations des économies, rendant la capacité d'adaptation des EDE encore plus dépendantes de leur capital humain et de leurs politiques éducatives et de formation.

En vue de réduire le coût de la réaffectation des ressources engendrées par le changement technologique et l'accroissement de la concurrence internationale, les EDE sont amenées à adopter des politiques d'ajustement relatives aussi bien aux marchés du travail qu'à l'éducation et la formation (Kim, 2018).

L'éducation peut jouer un rôle déterminant dans ce processus d'ajustement aux changements, car la compétitivité des nations se joue aujourd'hui au niveau du capital humain. De nombreux travaux théoriques et empiriques ont mis en relief le lien entre capital humain et le niveau de productivité d'un pays et ont démontré l'impact de ce capital sur la spécialisation des pays. Aussi, les enquêtes internationales ont mis l'accent sur la contribution de l'éducation à la croissance, tant d'un point de vue quantitatif que qualitatif (Lucas, 1988 ; Romer, 1994, Altinok, 2006).

Dans la même optique, l'expérience des pays asiatiques rappelle que l'investissement dans le capital humain, l'éducation et la recherche-développement favorise une dynamique induisant des avantages comparatifs dans les échanges internationaux : « L'expérience du Japon et de la Corée du Sud [...] a bien montré le rôle déterminant du capital humain dans la croissance économique, qu'un taux de scolarisation élevée et une formation économiquement adaptée contribuent fortement à l'élévation du niveau de productivité et au développement de la capacité de la main-d'œuvre. » (CEA, 2003).

En définitive, les défis imposés par la compétition à l'échelle mondiale, l'insertion dans les chaînes de valeur globales et l'adaptation aux changements technologiques ne peuvent être relevés par les EDE sans les politiques publiques nationales priorisant la valorisation et le renforcement du capital humain.

2. Les impératifs des politiques publiques de formation du capital humain dans les économies africaines ouvertes

L'objet de cet ouvrage est d'examiner d'une part, la relation entre systèmes d'éducation, capital humain, croissance économique dans les EDE et, d'autre part, l'insertion de l'Afrique du Nord, en particulier, dans les chaînes de valeur notamment l'attractivité des pays de la zone aux IDE. Le postulat est simple : l'éducation est partie intégrante des politiques d'attractivité et doit être considérée comme telle. En particulier, la difficulté des certaines économies en développement à attirer l'épargne mondiale peut résider dans la dichotomie entre croissance et productivité, et donc dans le rôle du capital humain. Elle peut aussi résider dans la problématique de la stabilité politique qui elle-même n'est pas indépendante de l'adéquation des systèmes d'éducation.

L'intérêt porté à la nécessaire insertion des pays africains et, particulièrement maghrébins, dans les chaînes de valeur mondiales résulte du constat de la place périphérique de l'Afrique du Nord dans les réseaux de commerce international, au sens où cette place est largement en deçà des prédictions théoriques des modèles gravitaires qui constituent la littérature de référence. Trois types de causes peuvent expliquer cette place périphérique :

a) La première cause réside dans les mutations de l'environnement global et en particulier, de la structure des chaînes de valeurs. Après une crise financière de grande ampleur, le processus de globalisation s'essouffle. La structure des chaînes de valeurs régionales et mondiales évolue, ce qui impose aux économies africaines de redéfinir leur positionnement.

b) La seconde cause réside dans les mutations de l'environnement régional. Au cours de la dernière décennie, la perception par les observateurs internationaux de l'environnement des affaires et plus particulièrement du risque politique a fortement divergé pour les économies d'Afrique du Nord. Certains pays sont perçus comme inscrits dans une dynamique favorable, d'autres au contraire font l'objet de réappréciations de risque défavorables, avec des effets inévitablement importants sur les dynamiques d'investissement, de commerce extérieur et de croissance.

c) La dernière cause, enfin, réside dans les processus locaux de mutations de l'environnement institutionnel eux-mêmes.

Les chapitres du présent ouvrage ont pour objet de prendre en compte dans leurs approches théoriques comme empiriques cette triple causalité, globale, régionale et locale de l'intégration commerciale relativement faible des économies nord africaines et africaines en général.

Il n'est d'ailleurs pas inintéressant d'observer qu'en dépit de cette faible intégration commerciale commune, les économies d'Afrique du Nord sont financièrement plus fortement intégrées entre elles qu'avec les économies avancées, résultat vraisemblablement du fait qu'elles sont appréhendées par les investisseurs comme une classe de risque homogène.

Ce trait de comportement des investisseurs internationaux aboutit à former une communauté de destins dans les réponses aux chocs financiers internationaux entre des économies qui, en réalité, sont fortement hétérogènes comme nous venons l'illustrer. Cette communauté de destins doit être prise en compte et plaide clairement dans le sens d'un renforcement des processus d'intégration régionale, y compris à dimension monétaire. La signature de l'Accord instituant la zone de libre échange continentale africaine est une parfaite illustration de la dynamique actuelle du renforcement de l'intégration régionale continentale.

Dans ce contexte, les communications présentées lors du Colloque international de Rabat de novembre 2018, qui fait l'objet de cet ouvrage, établissent le constat d'un double bouleversement des cadres de référence : du point de vue de l'insertion de l'Afrique du Nord, en particulier, dans les chaînes de valeur d'une part, comme vu précédemment ; comme du point de vue de la relation entre éducation, capital humain et croissance dans ces économies, d'autre part.

Jean-Louis Reiffers[1] fait ainsi observer que « le fondement des politiques publiques d'éducation est toujours implicitement qu'une scolarisation plus longue exerce un effet favorable sur la croissance ». Or il souligne que « les économies d'Afrique du Nord sont confrontées à un surchômage structurel des diplômés de l'enseignement supérieur. »

---

[1] Communication invitée en séance plénière, colloque international de Rabat, novembre 2018

Le contexte explique cette particularité : la structure démographique et la massification de l'enseignement supérieur font peser sur le système des contraintes extrêmement lourdes.

Quoi qu'il en soit, ce surchômage des jeunes est une priorité absolue en matière de politique économique, la menace qu'il fait peser sur la stabilité politique, condition du développement, ne devant pas non plus être sous-estimée.

Il apparaît de manière générale indispensable de prendre en compte ce bouleversement des cadres de référence dans la définition des politiques de formation de demain. Différentes pistes peuvent être envisagées de ce point de vue, en particulier la nécessité de décloisonner le général et le professionnel, pour ne pas rendre les parcours hermétiques, et toujours autant que possible associer les compétences relevant de l'employabilité, et de l'adaptabilité à des milieux évolutifs. Les formations en alternance offrent ainsi la possibilité, quand elles bénéficient d'une forte attractivité, de sélectionner des étudiants dont les compétences répondent aux demandes du marché du travail et en même temps leur permettent de suivre des cursus universitaires exigeants.

3. Plan du livre

Le présent ouvrage comprend sept chapitres. Les trois premiers, après l'exposé des aspects théoriques, testent, via des modèles économétriques, les hypothèses issues des revues de la littérature. Les trois suivants relèvent de démarches normatives portant sur le système d'enseignement au Maroc et sur la gestion du capital humain dans la finance. Le dernier chapitre est une réflexion sur la problématique de l'inclusion socioéconomique. L'objet de cette section de présenter plus succinctement les différentes contributions.

Alastaire Alinsato, auteur du premier chapitre, propose d'identifier l'effet de synergie entre l'ouverture commerciale (politique commerciale) et le capital humain (politique éducative) sur l'attractivité des investissements directs étrangers (IDE). Il fait remarquer qu'en effet, la littérature récente portant sur le sujet n'est pas unanime sur les approches retenues pour analyser cette relation. Certains travaux empiriques ont abouti à mettre en relief l'importance d'un minimum requis du capital humain nécessaire dans les pays d'accueil pour pouvoir influencer les politiques nationales d'attraction des IDE. A contrario, d'autres travaux considèrent qu'il faut d'abord concevoir une politique commerciale orientée vers l'ouverture pour assurer une attractivité des flux d'investissement sur le territoire national afin de permettre des externalités positives et des effets d'entrainement sur plusieurs secteurs d'activité économiques et spécialement dans l'accumulation du capital humain des pays hôtes.

Cette contribution empirique a été effectuée sur un échantillon de 35 pays à revenu intermédiaire de la tranche inférieure selon le dernier classement élaboré par la Banque mondiale (2018) et couvre la période allant de 1970 à 2015 (données quinquennales). Le capital humain est mesuré par le nombre moyen du niveau d'années d'études de la population âgée de 15 ans et plus alors que l'ouverture commerciale est approximée par l'indicateur du degré d'ouverture.

L'estimation est effectuée à travers une modélisation économétrique en données de panel dynamique via la méthode des moments généralisés en système (System GMM) telle que développée par Bond et Blundell et qui permet de résoudre les problèmes d'endogénéité, de biais de simultanéité, de causalité inversée et de variables omises.

Les principaux résultats obtenus montrent d'abord que l'ouverture et les flux des IDE entrants sont significativement et positivement corrélés avec la présence d'une variable interactive entre le capital humain et le degré d'ouverture. Ensuite, un effet positif et significatif de la population sur les flux entrants des IDE avec une politique publique convergente en matière d'éducation et d'ouverture commerciale. Enfin, Alastaire Alinsato rend compte d'un effet positif et significatif du taux d'investissement sur l'attractivité des IDE et un effet négatif, mais non significatif du PIB par habitant dans son modèle. Parmi les autres conclusions de cette contribution, les pays de l'échantillon devraient améliorer leurs systèmes éducatifs en créant un environnement favorable à l'investissement et en adoptant des politiques publiques convergentes susceptibles de maintenir les étudiants de ces pays pendant une période plus longue dans l'enseignement et dans la vie éducative afin d'améliorer à terme l'accumulation du capital humain. En parallèle à cela, une ouverture bien réfléchie de l'économie vis-à-vis du reste du monde est fortement recommandée tout en prenant en considération le niveau éducatif de la population locale.

Le deuxième chapitre, proposé par Nabil Boubrahimi, Azzedine Ghoufrane et Hamid Fayou investigue les relations entre le commerce international et les innovations technologiques. En particulier, les auteurs analysent l'influence que les échanges entre économies de niveaux de développement différents ont sur les innovations technologiques des pays les moins développés. Ils examinent les mécanismes par lesquels la participation aux échanges internationaux permet de modifier la trajectoire d'innovation technologique des pays en développement notamment ceux de l'Afrique. Un Panel-ARDL (*i.e. autoregressive distributed lag*) des effets entre échanges commerciaux et innovations technologiques est estimé sur données des pays africains et de leurs plus gros partenaires commerciaux de niveau de développement plus élevé. Les résultats indiquent la présence de transferts technologiques par le commerce à court terme et une disparition de ces effets à long terme. Le niveau de capital humain et la capacité d'absorption technologique des économies africaines se présentent comme des variables critiques dans la jouissance des effets de diffusion technologique. L'étude, pour finir, suggère que pour bénéficier des gains du commerce international en matière de transfert technologique, les économies africaines doivent en même temps qu'ils améliorent leur capital humain, et diversifier leurs partenaires commerciaux, commercer davantage avec des partenaires technologiquement plus proches d'eux.

Le chapitre 3, dû à Leila Djebali et Kamal Oukaci aborde la relation complexe « Capital humain, ouverture et croissance économique » en l'appliquant au cas de l'économie algérienne selon une démarche peu éloignée de celle adoptée par Alastaire Alinsato dans le chapitre 1. Les auteurs commencent par rappeler la conviction, signalée ci-dessus, dans cette introduction, selon laquelle le capital humain et l'ouverture économique jouent aujourd'hui un rôle important dans la croissance économique. Les auteurs rappellent encore que la littérature économique est très abondante sur la complémentarité entre ces deux facteurs notamment depuis l'avènement de la théorie de croissance endogène (Romer, Grossman, Helpman, Barthélemy-Dessus-Varoudakis). Ainsi, l'ouverture économique à travers l'importation des biens d'équipement et le transfert technologique peut exercer un effet sur la qualité du capital humain et qui conduira à améliorer la productivité. Après cet état de l'art, Djebali et Oukaci s'intéressent au cas de l'Algérie qui accorde une place importante à l'amélioration de la qualité du capital humain à travers des investissements significatifs dans le système éducatif. Par ailleurs, les auteurs signalent que l'Algérie s'est engagée dans un processus de libéralisation de son économie à travers des accords de partenariat (accord d'association Algérie-UE, Zone Arabe de libre-échange – ZALE -). Le travail empirique formalisé consiste alors à analyser l'interaction entre le capital humain, l'ouverture économique et la croissance économique. Cette interaction est étudiée à travers son impact sur la productivité totale des facteurs en utilisant une approche économétrique basée sur un modèle vectoriel à correction d'erreurs (*VECM*).

À cet effet, les auteurs ont sélectionné un certain nombre de variables pour l'estimation du modèle économétrique. Ces variables concernent la productivité totale des facteurs le capital humain, l'ouverture économique, les investissements directs étrangers et les externalités internationales en recherche et développement (R&D).

Le chapitre 4, proposé par Rayene Djellab et Nicolas Huchet, relève davantage de la perspective microéconomique ou plutôt gestionnaire de la ressource humaine dans les firmes par le biais de l'analyse de : la Responsabilité sociétale des entreprises (RSE) dans le secteur bancaire. Les auteurs rappellent que la RSE renvoie à la mise en place de bonnes pratiques au regard de critères environnementaux, sociaux et de gouvernance. Dans sa dimension sociétale, la RSE est exercée en particulier auprès des ressources humaines et s'inscrit dans le cadre plus général des conditions de travail et des modalités du management. L'industrie bancaire est spécifique à cet égard, dans la mesure où les ressources humaines y représentent une partie conséquente des coûts de production et sont hautement qualifiées. Dans sa dimension environnementale, la RSE renvoie aux externalités de production. L'industrie bancaire se présente de nouveau comme un cas particulier, puisque sa RSE peut être étendue à la qualité des projets financés. Dans le cas du système de financement marocain, un premier scénario privilégie la substituabilité entre banques traditionnelles et non banques au détriment des premières. Un scénario inclusif porteur de croissance fait apparaître au contraire une complémentarité entre les différents types d'acteurs, si les banques supportent les coûts à court terme liés à la préservation et à la montée en qualification de leurs ressources humaines par des investissements en capital humain.

Les chapitres 5 et 6, d'orientation plus normative que les travaux empiriques des chapitres précédents, sont spécifiquement consacrés aux faiblesses du système d'enseignement aussi bien fondamental que supérieur marocain.

Ouafaà Khallouk, dans le chapitre 5, expose les éléments explicatifs de la crise de l'enseignement au Maroc avec ses effets présentés comme un obstacle majeur à la compétitivité économique. Elle rappelle que le Maroc a pourtant réalisé des progrès économiques et sociaux significatifs depuis deux décennies. Néanmoins, le modèle de développement adopté semble atteindre ses limites, comme en témoignent le ralentissement de la croissance économique, le tassement des gains de productivité et la crise persistante sur le marché de l'emploi. Parmi l'ensemble des leviers du développement à long terme, le capital humain au Maroc ne semble pas être privilégié. Le système éducatif marocain traverse en effet une « crise de l'apprentissage » en étant confronté à la difficulté de transmettre les compétences de base à la majorité des élèves scolarisés. Ce déficit de capital humain constitue un obstacle majeur à la compétitivité et à la transformation structurelle de l'économie marocaine. La réforme de l'éducation apparaît dès lors comme l'une des priorités, mais ce vaste chantier revêt de multiples dimensions.

C'est à l'enseignement des géosciences à l'université que s'intéresse Naima Hamoumi dans le chapitre 6 ayant pour titre « Capital humain en mal de compétences en Géosciences ». Elle fait un constat peu différent de celui décrit dans le chapitre 5. Elle indique, en effet, qu'en termes de capital humain le Maroc ne cesse de reculer dans le classement international. Par ailleurs, malgré l'existence d'un capital naturel géologique inestimable le système universitaire peine à former des cadres directement opérationnels et à jouer son rôle de levier pour le développement. Le chapitre est conçu comme un plaidoyer pour la sensibilisation à la nécessité et à l'urgence d'investir dans le capital humain et le développement de la recherche scientifique en géosciences.

Le septième et dernier chapitre aborde avec l'inclusion socioéconomique un aspect essentiel des effets à attendre d'une politique publique d'éducation, de formation et d'enseignement dans les économies en développement et émergentes. Dans leur contribution ayant pour titre « Institutions, Développement et Croissance ». Philippe Gilles et Yusuf Kocoglu proposent une archéologie institutionnaliste qui pose l'inclusivité comme condition à la soutenabilité institutionnelle. Après avoir souligné le lien, inscrit dans l'histoire longue du capitalisme, entre la nature des Institutions et le développement économique, dès lors qu'elles conditionnent les comportements et nourrissent les ambitions individuelles et collectives, les auteurs montrent la supériorité, en termes de croissance et de développement, des institutions inclusives comparativement aux institutions extractives au sein d'un capitalisme animé de "destruction créatrice". Partant, cette efficacité est confortée dans le cadre de la soutenabilité (*i.e.* la viabilité à long terme) des systèmes économiques et sociaux concernés, dans la mesure où l'inclusivité permet, par les biens publics et l'interventionnisme, notamment en faveur de l'accumulation du capital humain, la correction des inégalités et la lutte contre la pauvreté au sein d'un régime démocratique, car l'éducation est une « une condition *sine qua non* de la démocratie »

Cécile Bastidon, Azzedine Ghoufrane, Nassim Oulmane et Ahmed Silem

Références

Aghion Ph. et P. Howitt, [1992] : “A Model of Growth Through Creative Destruction”, *Econometrica,* 60 (2) : pp. 323-351.

Aghion Ph. et P. Howitt, [1998a] : *Endogenous Growth Theory,* MIT Press, Cambridge, Massachussetts.

Aghion Ph. et P. Howitt, [1998b] : “Market Structure and the Growth Process”, *Review of Economic Dynamics*, 1 : pp. 276-305.

Altinok N., (2006). « Les sources de la qualité de l’éducation ». *Actes des 26es Journées de l’Association d’Économie Sociale (AES)* Nancy, 7 et 8 Septembre, sous la direction de Cécile Bourreau-Dubois et Bruno Jeandidier - tome 2, L’Harmattan, Paris, pp.163-176.

Amable B. et D. Guellec, [1992] : « Les théories de la croissance endogène”, *Revue d’économie politique*, 102 (3) : pp. 313-374.

Amvouna M. A. (1999), *Commerce international, capital humain et croissance économique : l’expérience de la Corée, de la Malaisie et du Cameroun*, Thèse Université de Clermont, éditeur ANRT Grenoble, 304 pages

Arrow K. J. (1962), "The economic implications of learning by doing” *The Review of Economic Studies* Vol. 29, No. 3 (Jun., 1962), pp. 155-173

Artus P. (1993), « Croissance endogène : revue des modèles et tentatives de synthèse », *Revue économique,* vol 44, n° 2, Mars, pp. 189-228.

Bacchetta M., Gregg C., Rubínová S., et Tumurchudur Klok B. (2018), *Investir dans les compétences pour promouvoir un commerce inclusif.* Co-publication du BIT et l’OMC (2018), Imprimé par le Secrétariat de l’OMC, Suisse, 215 pages, https://www.wto.org/french/res_f/publications_f/investinsskills_f.htm

Barro R. J. 1990. "Government spending in a simple model of endogeneous growth". *Journal of Political Economy* 98(S5) : 103-125.

Barro R. et X. Sala-i-Martin, (1996) : *La croissance économique,* Me Graw- Hill, Ediscience, Paris

Becker G. S. (1964, 1975), *Human Capital : A Theoretical and Empirical Analysis, with Special Reference to Education.* 2d ed. New York : Columbia University Press for NBER, 187 pages

Becker G. S. (2002), Human capital, http://www.econlib.org/library/Enc/HumanCapital.html

Benhabib, J. et Spiegel M. M., (1994). "The role of human capital in economic development evidence from aggregate cross-country data" *Journal of Monetary Economics, Elsevier*, vol. 34(2), pages 143-173, October.

BIT – OMC, (2018), *Investir dans les compétences pour promouvoir un commerce inclusif.* Imprimé par le Secrétariat de l'OMC, Suisse,

Grossman G. et E. Helpman, [1991] : *Innovation and Growth in the Global Economy,* MIT Press, Cambridge, Massachussetts.384 pages

Grossman G. et E. Helpman, [1994] : "Endogenous Innovation in the Theory of Growth", *Journal of Economic Perspective*, 8 (1) : pp. 23-44.

Grossman G. et E. Helpman, [1991] : "Quality Ladders in the Theory of Growth", *Review of Economic Studies*, 58 : pp. 43-61.

Guellec D. et P. Ralle, [1993] : « Innovation, propriété intellectuelle et croissance *Revue économique.*

Guilhon B. et Hammami L.(2003) : « Transferts de connaissances et productivité du travail dans les activités de service dans les pays du sud et de l'est de la Méditerranée » Revue *Région et Développement* n° 17, pp 49-75

Gurgand M., (2000) : « Capital humain et croissance : la littérature empirique à un tournant ? » », Économie publique/Public economics [En ligne], 06 | 2000/2, mis en ligne le 07 décembre 2005, consulté le 28 avril 2019. URL : http://journals.openedition.org/economiepublique/1636

Henin P.-Y. et P. Ralle, [1994] : « Les nouvelles théories de la croissance, quelques apports pour la politique économique ». Revue économique, hors série, pp. 75- 100

Kim, J. Y.. (2018) : "The Human Capital Gap." *Foreign Affairs*, June 14, 2018.

https://www.foreignaffairs.com/articles/2018-06-14/human-capital-gap.

Le Chapelain C. et S. Matéos (2018) : "Schultz et le capital humain : une trajectoire intellectuelle". http://www.cliometrie.org/activites/working-papers/14-working-papers/123-working-papers-2018

Lucas R. E. (1988) : "On the Mechanics of Economic Development." *Journal of Monetary Economics* 22 (1) : 3–42

Mankiw N.G., Romer D. & Weil D.N. (1992) : ., "A Contribution to the Empirics of Economic Growth", *Quarterly Journal of Economics*, vol.107, May, 407-437.

Melloul A., Amara F. (2016), "Le capital humain et la croissance économique marocaine : une analyse économétrique par le modèle vecteur autorégressif (VAR) *Revue d'Études en Management et Finance d'Organisation n°4* http://revues.imist.ma/?journal=REMFO&page=about

Mincer J. (1958), "Investment in Human Capital and Personal Income Distribution", *Journal of Political Economy*, 66(4), pp. 281-302.

Mincer J. (1996), *Changes in Wage Inequality, 1970-1990*, May 1996, 27 pages, Discussion Paper Series No. 9596-13, https://core.ac.uk/download/pdf/161436529.pdf

OCDE (1998) *L'investissement dans le capital humain*, Éditions OCDE Paris 124 pages

OCDE, (2001), *Du bien-être des nations, le rôle du capital humain et social*. Éditions OCDE, Paris, 136 pages

OMC (2018) voir BIT – OMC et Bacchetta M., Gregg C., Rubínová S., et Tumurchudur Klok B. (2018),

Rebelo S. (1991) : "Long-Run Policy Analysis and Long-Run Growth", *The Journal of Political Economy*, Vol. 99, No. 3, pp. 500-521, The Univeristy Chicago Press.

Romer, P. M. (199) : "Endogenous Technological Change", *Journal of Political Economy*, pp 71-102

Romer, P. M. (1994) : "The Origins of Endogenous Growth." *Journal of Economic Perspectives* 8 (1) : 3–22.

Schultz T. W. (1956) : "Reflections on Agricultural Production, Output and Supply", *American Journal of Agricultural Economics*, Volume 38, Issue *3*, *pp* 748–762,

Schultz T. W. (1960): "Capital Formation by Education", *Journal of Political Economy*, 60, pp. 571-583.
Schultz T. W. (1961), "Investment in Human Capital", *American Economic Review*, 51(1), pp. 1-17.
Schwab K. (2017) : *La quatrième révolution industrielle,* traduit de l'anglais, Dunod, 204 pages
Tchouassi G. « Capital humain et croissance économique au Cameroun et au Sénégal : une modélisation VAR », http://www.erudite.univ-paris-est.fr/evenements/colloques-et-conferences/atm-2013-communications-full-papers/?eID=dam_frontend_push&docID=25291
World Trade Organization *Rapport sur Le Commerce Mondial 2017 Trade and Technology*. 2017. 178 Pages

Chapitre 1
Le commerce international favorise-t-il l'innovation technologique : évidences empiriques à partir des échanges du continent africain

Alastaire ALINSATO[1]

Introduction

Le commerce international peut être un vecteur de diffusion de la technologie et des innovations. Dans la littérature, la conception des importations comme canal de transmission de technologies et d'innovations n'est apparue que récemment avec Rivera-Batiz et Romer (1990) et Grossman et Helpman (1991). Coe, Helpman et Hoffmaister (1997) montrent que les Investissements directs étrangers (IDE) favorisent le transfert de technologies d'une économie à une autre dans un premier temps puis, ensuite ces technologies se répandent à travers les autres secteurs de l'économie qui reçoivent les IDE par la mobilité de la force de travail, la concurrence, l'imitation, la rotation de la main d'œuvre ou par la création de liens verticaux (CNUCED, 2005). Parallèlement sur le plan microéconomique, Costantini et Melitz (2007), Ederington et McCalman (2008), indiquent que la pression concurrentielle due à la libéralisation des échanges amène les entreprises à investir davantage dans les nouvelles technologies. Par ailleurs cette libéralisation des échanges permet l'imitation des technologies étrangères (apprentissage par l'exportation), l'accès à un marché plus vaste permettant d'exploiter des économies d'échelle et de pouvoir

[1] Faculté des Sciences Économiques et de Gestion, Université d'Abomey Calavi (UAC), Chaire Commerce International et Développement Inclusif, Laboratoire d'Economie Publique
alastaires@yahoo.fr

investir plus en recherche et développement. L'accord de Marrakech, qui a institué l'organisation mondiale du commerce (OMC), reconnaît aussi que le commerce et le libre-échange constitue un moyen de diffusion de la technologie.

Coe, Helpman et Hoffmaister (1997) ont montré l'effet bénéfique de l'ouverture commerciale sur la productivité en régressant la productivité totale des facteurs sur la R&D et le capital humain pour un groupe de 77 pays en développement. Hijazi et Safarian (1999) reprennent l'étude et y introduisent les IDE. Ils soulignent son effet positif sur la productivité en économie ouverte. Par ailleurs, les importations de matériels informatiques et les paiements technologiques sont des canaux de diffusion des technologies de l'information.

Les résultats de Guilhon et Hammami (2003), nous montrent que plus un pays importe du matériel informatique, plus il attire des IDE et plus la main-d'œuvre est productive. Baldwin et Wulong (2004) nous renseignent que la participation aux marchés d'exportation d'un grand nombre d'usines canadiennes a été associée aux augmentations de la croissance de la productivité grâce à l'apprentissage. Ces usines augmentent ainsi leurs investissements au titre de la R&D et de la formation afin de se doter des capacités nécessaires pour absorber les technologies étrangères et assimiler les meilleures pratiques internationales.

Coelli et *al.*, (2018) et Navas, (2015) supportent aussi cette position en démontrant l'apport de l'ouverture commerciale à la diffusion de la technologie et de l'innovation. Leurs résultats suggèrent que la libéralisation des échanges a des effets économiquement significatifs sur l'innovation, les changements techniques et la croissance. De façon spécifique, Coelli et *al.*, (2018) montrent qu'environ 7 % de l'augmentation de la création de connaissances au cours des années 90 peut s'expliquer par des réformes de la politique commerciale.

Cette apologie de la contribution du libre-échange au transfert technologique et à l'innovation est cependant atténuée par un certain nombre d'auteurs. Dans un contexte d'échange, les mouvements de spécialisation en l'occurrence le développement d'une politique libérale basée essentiellement sur le commerce des matières premières, limitent la diffusion des connaissances pour les pays se spécialisant dans des secteurs peu porteurs en termes technologiques (Lucas, 1988 ; Grossman et Helpman, 1991 ; Stanley et Bunnag 2001). L'appropriation de technologies par les économies dépend avant tout de la situation initiale de celles-ci. Lorsqu'une économie est abondante en main-d'œuvre moins qualifiée (c'est-à-dire ne pouvant absorber la technologie), il est désavantageux pour elle de s'ouvrir au monde.

Massel (1970) montre aussi à partir d'une étude économétrique sur un ensemble de 55 pays développés et en développement, que la diversification joue un rôle essentiel dans la maîtrise des aléas de la conjoncture et principalement des fluctuations des coûts de matières premières pour les pays en développement. Cette participation au commerce international basée sur les matières premières rend les ressources financières étatiques instables, car dépendantes de la fluctuation des cours de matières premières, ce qui rend difficile le financement du système national d'innovation. Cette dépendance pénalise donc l'exportation des autres secteurs (par le phénomène de la maladie hollandaise) limitant ainsi leur apprentissage par le commerce international. En effet, les externalités internes en termes de technologie et de savoir-faire des investissements dans les secteurs miniers, agricoles, manufacturiers et touristiques, qui fonctionnent souvent comme des enclaves, sont très limitées.

L'écart technologique de l'Afrique sub-saharienne est incontestable. Le développement de la manufacture ou sa contribution au PIB qui permet d'en mesurer l'ampleur indique des niveaux moyens sur la décennie2000 de moins de 11 %, ce qui est foncièrement peu élevé (Agola, 2016). D'importantes études montrent qu'il apparait une dynamique appréciable de développement technologique et de l'innovation en Afrique (Haščič et *al.*, 2012). Cette dynamique est liée au commerce, aux IDE ainsi qu'à la diaspora et aux différents réseaux, mais aussi à la gouvernance et au climat des affaires, à la connaissance de base en technologie, au financement disponible aux entreprises innovantes et aux politiques pro-actives (WB, 2008). Borojo et Jiang (2016) montrent que cette dynamique naissante est liée aux flux d'échanges plus importants entre la

Chine et l'Afrique avec des effets positifs et significatifs sur le capital humain et la productivité des facteurs.

Les travaux de Danquah (2018), ne confirment pas ces résultats. Ses conclusions indiquent que l'ouverture des échanges, les importations de machines, le capital humain et la recherche et développement n'ont aucun effet empirique apparent sur l'efficacité des pays d'Afrique subsaharienne. Cependant, il fait remarquer l'importance de l'interaction entre le commerce et le capital humain dans l'absorption de la technologie par les pays africains. Blanas et Seric (2017), semblent plus proches de ce dernier résultat ; ils limitent la portée des transferts de connaissances et de technologies aux échanges entre entreprises appartenant au même groupe, c'est-à-dire aux échanges entre entreprises mères et filiales, créditant ainsi la thèse de niveau de capital humain. À l'échelle des entreprises du même groupe, la probabilité à l'homogénéité ou à la similarité du capital humain ou des connaissances de base en technologie est élevée. Cet aspect vient atténuer l'effet distance entre pays émetteur et récepteur de la technologie, qui ne jouerait pas en faveur des pays africains, très souvent loin des centres d'émission comme semble le démontrer Eaton et Kortum (1996) et Keller (2001). Ces derniers montrent que la diffusion technologique dépend elle-même de la proximité physique entre émetteur et récepteur de connaissances et semble se confiner à des espaces géographiques réduits. L'appartenance à un même groupe, donc la proximité managériale, tend à atténuer l'effet nuisible de la distance dans la diffusion de la technologie.

Le présent chapitre cherche à renforcer la compréhension de l'effet du commerce sur le transfert technologique et l'innovation entre pays ou régions de niveau de développement différent. Il analyse l'influence du contenu des importations de l'Afrique subsaharienne sur ses exportations ainsi que sur leur contribution à l'innovation dans le continent.

1. Méthodologie et Spécification du modèle

Dans cette section, nous faisons une revue générale du cadre d'analyse de nos données. En premier lieu nous discutons du modèle conceptuel ensuite de l'efficience et de la convergence de la méthode utilisée par le papier et la comparons avec d'autres méthodes. Enfin nous présentons les avantages relatifs de chaque méthode d'estimation d'un modèle de panel dynamique autorégressif à retards échelonnés (ARDL), la présentation est organisée autour des trois estimateurs que sont celui de Mean Group (MG) de Pesaran et Smith (1995), du Pooled Mean Group (PMG) et de Dynamic Fixed Effect (DFS) développés par Pesaran et *al.*, (1999)

1.1. Le modèle conceptuel

Notre modèle conceptuel s'inspire des travaux de Nelson et Phelps (1966) et de Frantzen (2000). Selon le premier groupe d'auteurs, la croissance dans la technologie ou dans la productivité des facteurs de production (PTF) dépend du capital humain (H_{it}), du progrès technologique exogène (γ_1), la diffusion technologique venant de l'extérieur qui n'est fécond dans le pays destinataire qu'en présence d'un niveau de capital humain élevé ($H_{it}\Delta K_{it}^{E}$). Ainsi, selon Nelson et Phelps (1966) :

$$\Delta A_{it} = \gamma_1 + \gamma_2 H_{it} + \gamma_3 H_{it}\Delta K_{it}^{E} \quad (1)$$

L'équation (1) synthétise la spécification de Nelson et Phelps (1966). Elle traduit le fait que le capital humain influe sur la croissance par deux voies, premièrement en augmentant la capacité d'un pays à entreprendre des innovations nationales et, deuxièmement, en facilitant l'adoption des technologies étrangères.

Frantzen (2000) part des modèles de croissance endogène (Romer, 1990 ; Grossman et Helpman, 1991), qui suggèrent que la productivité du travail ainsi que la productivité totale des facteurs sont positivement corrélées avec le stock de capital Recherche et Développement (R&D). En s'inscrivant dans une logique d'ouverture commerciale et dans l'hypothèse de l'existence d'une relation de leader-suiveur technologique (Grossman et Helpman, 1991 ; Barro et Sala-i- Martin, 1995 et Segerstrom, 1991), ces modèles se concentrent sur le commerce international en tant que canal de diffusion de la technologie. Il est supposé que si les biens finaux sont parfaitement commercialisables d'un pays à l'autre, ils le sont en partie et nécessitent une maîtrise des biens intermédiaires et ne le sont qu'à titre d'adaptation. L'imitation étant plus facile que la convergence conditionnelle par l'innovation, ces modèles impliquent une diffusion technique transitoire. Frantzen (2000) corrige pour les limites de ces modèles en leur intégrant le capital humain. Il pense que pour réaliser les effets attendus de la diffusion technologique, qu'il est important que les pays bénéficiaires soient dotés d'un capital humain adéquatement qualifiés pour utiliser ou travailler sur les technologies/innovations résultats des efforts en recherche et développement. Selon donc Frantzen (2000), la Productivité Totale des facteurs peut s'écrire :

$$PTF = f\left(FS^d, FS^f(E)\right) \qquad (2)$$

Où FS^d, FS^f représentent respectivement les efforts domestiques en R&D et ceux des partenaires étrangers. E représentant le capital humain.

En partant des spécifications de Nelson et Phelps (1966) et de Frantzen (2000), nous considérons que la PTF peut être écrite sous la forme de :

$$PTF = f\left(FS^f, M, X, (E)\right) \qquad (3)$$

Dans l'équation (3), FS^f représente l'effort de recherche et développement des pays partenaires commerciaux de l'Afrique. Les efforts en R&D de l'Afrique étant considérés comme marginaux. *E* représente le niveau de capital humain dans les pays africain. *M* les importations des biens d'équipement de l'Afrique. Nous supposons que l'ampleur de la diffusion technologique dépend du niveau d'investissement dans l'équipement importé (M). Notre approche consistant à considérer l'investissement dans l'équipement importé plutôt que le stock d'équipement importé reflète l'hypothèse selon laquelle un flux continu de technologie de pointe incorporée dans les biens d'équipement est nécessaire pour générer des externalités persistantes.

Nous augmentons les deux précédentes spécifications par les exportations (*X*) de biens manufacturés de l'Afrique. Celles-ci sont censées influencer positivement la PTF d'autant plus qu'elles représentent l'effort de participation à la concurrence internationale des produits africains. L'ouverture commerciale de par sa nature, favorise la concurrence où la défense de positions concurrentielles ou de parts de marché suppose une dynamique d'innovation permanente, un investissement permanent dans l'innovation qui pourrait être capté dans les exportations des produits manufacturés.

Dans les sections suivantes, nous discutons de la stratégie d'estimation de l'équation (3).

1.2. Les modèles statiques

Les modèles de panel standard tels que les moindres carrés ordinaires (MCO) groupés, à effets fixes et à effets aléatoires présentent des faiblesses significatives. Par exemple, la méthode OLS groupée est un modèle extrêmement restrictif, car il impose des coefficients d'interception et de pente communs pour tous les individus, et ne tient donc pas compte de l'hétérogénéité individuelle. Le modèle à effets fixes, quant à lui, suppose que l'estimateur a des pentes et une variance commune, mais des interceptions spécifiques par pays. L'introduction de variables muettes, en particulier dans les modèles à effets fixes (*two-way*), permet d'observer des effets à la fois transversaux et temporels. Toutefois, cet estimateur est confronté à de graves problèmes en raison de la perte de degrés de liberté (Baltagi, 2008). Contrairement au modèle à effets fixes, le modèle à effets aléatoires est relativement moins problématique en termes de degrés de liberté en supposant des interceptions communes. Néanmoins, le modèle à effets aléatoires présente une autre limite en ce qu'il considère que le modèle est invariant dans le temps. Ceci implique, une hypothèse irréaliste d'absence totale de corrélation des erreurs quelle que soit la période (passée ou future) ou d'exogénéité stricte des termes d'erreurs (Arellano, 2003). D'autre part, selon

Loayza et Rancière (2006), les estimateurs de panel statiques ne tirent pas parti de la dimension de panel des données en distinguant les relations à court et à long terme.

En conclusion, les approches de panel statiques ne permettent pas de saisir la nature dynamique des données, ce qui constitue un problème fondamental pour tous les processus qui sont dynamiques par nature tels que la croissance économique, le progrès technique, etc. En outre, ces estimateurs ne peuvent adresser que les hétérogénéités structurelles sous forme d'effets aléatoires ou fixes, mais imposent une homogénéité des coefficients de pente du modèle entre pays, même en cas de fortes variations entre les pays.

1.3. Les modèles de panel dynamique

Roodman (2009) indique que lorsque les données présentent un grand nombre de pays (N) par rapport à la période (T), l'estimateur de différence GMM proposé par Arellano et Bond (1991) et l'estimateur GMM-Système proposé par Arellano et Bover (1995) et Blundell et Bond (1998) sont appropriés. Ces deux estimateurs sont généralement utilisés pour analyser un micro panel de données (Eberhardt, 2012). Cependant, un large éventail de publications récentes ont fait usage des estimateurs GMM sur données macroéconomiques de panel. Roodman (2009) soutient que dans le cas des petits N et des grands T, les estimateurs GMM sont biaisés pour deux raisons : premièrement, une petite taille de N pourrait conduire à un test d'autocorrélation non fiable ; deuxièmement, à mesure où la durée des données augmente, le nombre d'instruments augmente également. Cela affecte la validité du test d'identification de Sargan et provoque souvent le rejet de l'hypothèse nulle de l'exogénéité des instruments. Par conséquent, d'importants doutes pèsent sur la fiabilité et la convergence des estimateurs obtenus avec le GMM. Un autre point est que le GMM ne capture que la dynamique à court terme et que la stationnarité des variables a tendance à être ignorée, car ces modèles sont généralement limités à des courtes séries chronologiques. Ainsi, il n'est pas clair si les résultats de ces modèles de panel représentent une relation d'équilibre structurelle à long terme ou une relation fallacieuse (Christopoulos et Tsionas, 2004). Plus important encore, Kiviet (1995) soutient que, dans l'estimation GMM, l'imposition d'hypothèses d'homogénéité sur les coefficients de pente des variables dépendantes retardées pourrait entraîner de graves biais.

Ces procédures d'estimation sont susceptibles de produire des coefficients à long terme non convergents et fallacieux à moins que les coefficients de pente ne soient effectivement identiques (Pesaran et Smith, 1995; Pesaran, 1997; Pesaran et Shin, 1999).

Partant de Pesaran et *al.*, (1999), nous pouvons utiliser une représentation sous forme ARDL (p, q) pour modéliser un panel dynamique hétérogène sous forme de modèle à correction d'erreur. Nous inspirant de Loayza et Rancière (2006), le modèle prend la forme :

$$\Delta(Y_i)_t = \sum_{j=1}^{p-1} \gamma_j^i \Delta(Y_i)_{t-j} + \sum_{j=0}^{q-1} \delta_j^i \Delta(x_i)_{t-j} + \varphi^i \left[(Y_i)_{t-1} - \{\beta_0^i + \beta_1^i (x_i)_{t-1}\}\right] \epsilon_{it} \qquad (1)$$

Où Y représente la productivité totale des facteurs (*PTF*) de production, mesurée comme l'accroissement de la hausse de la production intérieure brute non expliquée par l'augmentation des facteurs de production, x un ensemble de variables explicatives qui inclue les importations d'équipement de l'Afrique et les exportations de biens manufacturés de l'Afrique, les efforts en R&D des partenaires commerciaux des pays développés de l'Afrique, ainsi que le capital humain des pays africains ;γ et δ représente les coefficients de court terme et φ le coefficient de la vitesse d'ajustement à l'équilibre de long terme. Les indices i et t représentent les pays et le temps. Le terme en crochet représente l'équation de la dynamique de long terme du progrès technique.

L'équation (3) peut être estimée par trois différents estimateurs. L'estimateur du Mean Group (MG) de Pesaran et Smith (1995), l'estimateur du *Pooled Mean Group* (PMG) développé par Pesaran et *al.*, (1999) et l'estimateur du dynamic fixed effect. Tous ces trois estimateurs considèrent l'équilibre de long terme et l'hétérogénéité du processus d'ajustement dynamique (Demetriades et Law, 2006) et sont dérivés par maximum de vraisemblance.

Pesaran et Smith (1995), Pesaran (1997) et Pesaran et Shin (1999) présentent le modèle autorégressif à retard échelonné (ARDL) sous forme de modèle à correction d'erreur comme une démarche relativement nouvelle de test de cointégration. Cependant, l'accent est mis ici sur la nécessité de disposer d'estimations convergentes et efficaces des paramètres dans une relation à long terme.

Selon plusieurs auteurs, notamment Philipps et Hansen (1990) et Johansen (1995), les relations à long terme n'existent que dans le contexte de présence de cointégration entre variables de même ordre d'intégration. Néanmoins, Pesaran et Shin (1999) affirment que l'ARDL en panel peut être utilisé même avec des variables de différents ordres d'intégration, qu'elles soient I (0) ou I (1).

En outre, les effets aussi bien de court et de long terme peuvent être estimés simultanément à partir d'un ensemble de données avec N et T importants. Enfin, le modèle ARDL, en particulier le PMG et le MG, fournit des coefficients convergents malgré la présence possible d'endogénéité, car ils incluent des variables retardées des variables dépendantes et indépendantes (Pesaran et *al,* 1999).

Dans le cadre de cette section, nous présentons les avantages relatifs de chacune des méthodes d'estimation des panels dynamiques.

1.3.1. Le modèle *Pooled Mean Group*

La caractéristique principale de PMG est qu'il permet que les coefficients à court terme, y compris les intersections, la vitesse d'ajustement à l'équilibre de long terme et la variance des erreurs soient hétérogènes par pays tandis que les coefficients de pente de long terme sont homogènes sur l'ensemble des pays. Cependant, la validité, la convergence et l'efficacité de cette méthode sont soumises à plusieurs exigences. Tout d'abord, l'existence d'une relation à long terme entre les variables d'intérêt nécessite que le coefficient du terme de correction d'erreur soit négatif de valeur absolue inférieur à 2 ; deuxièmement, une hypothèse importante de convergence du PMG est que les résidus du modèle à correction d'erreur sont non corrélés et les variables explicatives exogènes. Ces conditions peuvent être remplies en incluant les retards ARDL (p, q) pour les variables dépendantes (p) et indépendantes (q) sous forme de correction d'erreur. Troisièmement, la taille relative de T et N est cruciale, car lorsque les deux dimensions sont grandes, l'utilisation des techniques de panel dynamique, permettent d'éviter le biais dans les estimateurs moyens et de résoudre le problème d'hétérogénéité.

1.3.2. L'estimateur du *Mean Group* (MG)

Le MG est introduit par Pesaran et Smith (1995). Il consiste à faire des régressions séparées pour chaque pays et à calculer les coefficients comme des moyennes non pondérées des coefficients estimés pour chaque pays. Il n'impose aucune restriction. Il permet à tous les coefficients de varier et d'être hétérogènes à court et à long terme. Cependant, la condition nécessaire de convergence et de la validité de cette approche est d'avoir une dimension chronologique des données suffisamment grande.

La dimension transversale devrait également être importante (pour inclure environ 20 à 30 pays). De plus, pour les N petits, les estimateurs MG sont assez sensibles aux valeurs aberrantes et aux petites permutations de modèles (Favara, 2003).

1.3.3. L'estimateur du *Dynamic fixed Effect* (DFE)

L'estimateur de l'effet fixe dynamique (DFE) est très similaire à l'estimateur PMG et impose que les coefficients de pente et les variances d'erreur soient égaux dans tous les pays à long terme. Le modèle DFE contraint en outre le coefficient ou la vitesse d'ajustement ainsi que les coefficients de court terme d'être égaux. Cependant, le modèle comporte des effets spécifiques à chaque pays. Le DFE dispose d'une option de cluster pour estimer la corrélation intra-groupe avec l'erreur type (Blackburne et Frank, 2007). Néanmoins, Baltagi, Gri et Xiong (2000) soulignent que ce modèle est soumis à un biais d'équations simultanées en raison de l'endogénéité entre le terme d'erreur et la variable dépendante retardée dans le cas d'échantillon de petite taille.

1.4. Sélection de modèle

Nous estimons l'équation (1) pour l'ensemble de l'échantillon avec le PMG, le MG et le DFE, puis appliquons le test de Hausman pour déterminer s'il existe des différences significatives entre ces trois estimateurs. Cependant nos estimations concernant les pays africains et leurs principaux partenaires commerciaux, la probabilité est forte qu'il s'agisse d'un groupe relativement homogène. Cependant, à court terme, la présence d'hétérogénéité spécifique à chaque pays est fort probable ; celle-ci peut être induite par les lois et réglementations locales. L'estimateur PMG offre des estimations plus efficaces que les estimateurs MG, dans l'hypothèse d'une homogénéité à long terme. De plus, la durée de cette étude est de 25 ans et l'estimateur MG peut manquer de degrés de liberté. Par conséquent, l'estimation par le PMG est plus pertinente pour cette analyse. Cependant, pour identifier le choix entre les méthodes MG, PMG et DFE, le test de Hausman est utilisé pour vérifier s'il existe une différence significative entre ces estimateurs. L'hypothèse nulle de ce test est que la différence entre le PMG et le MG ou entre le PMG et le DFE n'est pas significative. Si l'hypothèse nulle est acceptée, l'estimateur PMG est recommandé, car il est efficace. L'alternative est qu'il existe une différence significative entre le PMG et le MG ou le PMG et le DFE et dans ce cas, l'hypothèse nulle est rejetée. En présence de valeurs aberrantes dans les données, l'estimateur moyen peut présenter une grande variance et, dans ce cas, le test de Hausman a peu de puissance.

L'étude utilise les données provenant des échanges commerciaux entre quatorze pays de l'Afrique subsaharienne[1] et de leurs principaux partenaires commerciaux[2] sur la période 1990-

---

[1] Afrique du Sud, Bénin, Botswana, Burkina Faso, Cameroun, République démocratique du Congo,
Côte d'Ivoire, Éthiopie, Gabon, Kenya, Mali, Nigéria, Sénégal, Togo.

[2]Il s'agit en effet des principaux partenaires: Allemagne, Belgique, Chine, Finlande, France, Japon, Royaume-Uni, États-Unis.

2014. Le choix des pays et de la période d'étude est dicté par les contraintes de disponibilité des données.

Les données relatives au taux de croissance de la productivité totale des facteurs de production, mesuré comme l'accroissement de la hausse de la production intérieure brute non expliquée par l'augmentation des facteurs de production proviennent du *Total Economy Database* du *Conference Board.* Les données relatives au stock de capital en R&D mesurées comme les dépenses consacrées à la recherche et développement dans les pays partenaires commerciaux de l'Afrique subsaharienne, proviennent des bases de données du WDI, celles sur les exportations d'articles manufacturés mesurées comme le montant des ventes d'articles manufacturiers sur le marché international et sur les importations de biens d'équipement mesurées comme le montant consacré à l'achat des biens d'équipement sur le marché international proviennent de la CNUCED et enfin les données sur capital humain mesurées comme l'indice de développement humain, provient du PNUD. L'ensemble des données est intégré dans le modèle comme ratio du PIB.

2. Résultats et interprétations

Avant de procéder aux différentes régressions, nous mettons en œuvre un test de racine unitaire en utilisant trois types différents de tests de racine unitaire pour données de panel : Levin, Lin & Chu ; Im, Pesaran et Shin, et Breitung. Dans le cas où ces tests ont révélé une présence de racine unitaire, les différents ordres d'intégration de nos différentes séries ont été détectés. Nos deux premiers tests sont des tests de première génération de non-stationnarité qui considère l'indépendance des unités transversales (pays) ; le premier de ces trois premiers tests autorise, sous l'hypothèse alternative, une homogénéité de la racine autorégressive alors que le second considère une hétérogénéité de la racine autorégressive ; les deux ayant le point commun de postuler une hétérogénéité quant à la présence d'une racine unitaire dans le panel (Hurlin et Mignon 2016). Le dernier test dit de deuxième génération considère la dépendance (corrélation) interindividuelle et est dérivé d'un modèle à facteur commun. Notant que l'ordre d'intégration des variables n'est pas essentiel pour appliquer le modèle ARDL tant que la variable d'intérêt est I (0) ou I (1) (Pesaran et Smith (1995); Pesaran (1997); Pesaran et *al.,* (1999)), nous introduisons ces tests pour nous assurer qu'aucune des séries ne dépasse l'ordre d'intégration I (1).

Le tableau 1 ci-dessous présente les tests de racine unitaire où les variables productivité totale des facteurs (PTF), effort en R&D des pays partenaires (FS) et niveau du capital humain (E) sont stationnaire alors que Exportation des produits manufacturés de l'Afrique subsaharienne (X), Importation de l'Afrique subsaharienne des biens d'équipement (M) sont intégrés d'ordre 1. Compte tenu de ce mélange des ordres d'intégration, l'approche par panel ARDL semble plus indiquée que les approches traditionnelles de cointégration de panel.

Dans une seconde phase, nous avons estimé les différents modèles (PMG, MG et DFE). Le tableau 2, présente les résultats pour les trois différentes spécifications ainsi que ceux du test de Hausman d'appréciation de leur efficience comparative.

Le tableau 3 présente les résultats pour les mêmes spécifications, avec cette fois-ci deux variables d'interactions : une entre le capital humain Effort en R&D des partenaires commerciaux de l'Afrique et l'autre entre importations des biens d'équipement et capital humain. Le test de Hausman indique la qualité supérieure de la régression PMG sur les deux autres. Ceci suggère qu'il y a des raisons d'espérer que l'équilibre de long terme soit similaire d'un pays à l'autre ou au moins sur un sous-ensemble de l'ensemble des pays de l'échantillon. Les coefficients d'ajustement de court terme sont supposés spécifiques à chaque pays, en raison de la résilience très variées des pays aux crises financières et aux chocs externes, aux politiques de stabilisation, à la politique monétaire, etc.

Tableau 1 : Résultats des tests racine unitaire sur données de panel

Séries	Levin, Lin & Chu		Im, Pesaran et Shin		Breitung		Résultats
	Level	1st diff.	Level	11st diff.	Level	1st dif.	
PTFit	-4.34*	-	-6.00*	-	-4.64*	-	I (0)
FSit	-12.27*	-	-4.98*	-	1.45	-	I (0)
Xit	5.31	-6.43*	3.42	-7.17*	-1.14	-5.50*	I (1)
Mit	6.52	-6.50*	4.13	-7.22*	-2.37*	-5.37*	I (1)
Eit	-6.51*	-	-	-	1.46	-	I (0)

** indique la significativité des variables au seuil de 1%*

Les résultats du tableau 2 révèlent que l'effort en R&D des partenaires commerciaux de l'Afrique subsaharienne impacte faiblement à court terme (10 %) la productivité totale des facteurs de l'Afrique subsaharienne. Il en est de même des importations ; cependant cet effet disparait dans le long terme. Ce résultat est conforté par le fait que le capital humain de l'Afrique subsaharienne n'a d'influence ni à court terme et ni à long terme sur la PTF (Tableau 2). Le capital humain étant le premier canal par lequel les efforts en recherche et développement des pays partenaires peuvent être captés, assimilés et appropriés par les pays africains. Ce résultat vient nuancer ceux de Mazumdar (2001) et De Long et Summers (1991) en circonscrivant la significativité seulement au court terme. Ces auteurs soutiennent que les investissements en équipements qui pour les pays en développement sont essentiellement composés d'importation de biens d'équipements sont favorables à la croissance et permettent la diffusion technologique. Les résultats du tableau 3 montrent qu'à long terme les importations de biens d'équipement M et la variable d'interaction M*E deviennent significatives (10 % pour l'un et 5 % pour l'autre) ; ce qui montre que plus le capital humain va s'apprécier plus les pays se mettent dans les dispositions appropriées pour bénéficier des effets d'entrainement des importations des biens d'équipement sur la PTF dans le long terme. Ces résultats sont plus proches de ceux de Dulleck et Neil (2008) et Frantzen (2000), qui montrent respectivement que les

bénéfices de l'importation en biens d'équipement sont d'autant plus importants que le pays importateur est doté d'un niveau élevé de capital humain, plus particulièrement de secondaire, d'une part, et que l'effort en R&D d'un pays est d'autant plus bénéfique aux pays partenaires d'échanges de niveau de développement plus faible que le capital humain du pays en développement est élevé et croit à un rythme soutenu, d'autre part. (Tableau 3)
Le capital humain des pays de l'Afrique subsaharienne devient donc un important canal de transmission de l'effort en R&D des partenaires commerciaux de l'Afrique subsaharienne aux économies africaines. Il en est de même pour l'importation des biens d'équipement. Ben Hammouda et Sadni-Jallab (2007) illustraient déjà cette contrainte dans le capital humain en arguant qu'une alternative trouvée par l'Afrique subsaharienne est de faire le choix de transferts de technologies clés en main afin de réduire les risques techniques, stratégies ayant conduit à une plus grande dépendance technique de ces pays, notamment par le biais de maintenance. En revanche, les pays d'Asie de l'Est ont élaboré des stratégies fondées sur la maîtrise locale des nouvelles technologies. Amsden (1990) confirme que cette stratégie d'importation des pays d'Asie de l'Est a été renforcée par un effort local considérable d'apprentissage, d'adaptation et d'imitation des technologies importées ; ce qui n'est pas le cas de l'Afrique subsaharienne. La dépendance vis-à-vis des partenaires commerciaux dans l'appropriation des technologies n'a pas été de nature à susciter une production interne (imitation), endogène capable d'influencer durablement la productivité. On peut dès lors comprendre pourquoi les variables du modèle sont significatives dans le court terme alors que cette significativité disparait dans le long terme.

Tableau 2a : Résultats Estimation PMG, MG et DFE

	Pooled Mean Group	Mean Group	Dynamic Fixed Effects
VARIABLES	**Short Run**	**Short Run**	**Short Run**
Error Corr	-1.072698	-1.062586	- 1.191003
	(-10.00[a])	(-12.52 [a])	(-17.98 [a])
ΔFS_{it}	. 3 050 907	. 5 420 434	-. 0005003
	(1.73[c])	(2.03[b])	(-0.06)
ΔX_{it}	. 6 476 324	. 0722158	. 0049855
	(2.01[b])	(2.20[b])	(0.28)
ΔM_{it}	. 0516522	. 0573234	. 0250959
	(1.80 [c])	(1.19)	(0.84)
ΔE_{it}	0811449	3.113304	1.167736
	(1.67)	(0.87)	(1.67)
Hausman test[2]	4.75		
	(0.1907)		

Tableau 2b : Résultats Estimation PMG, MG et DFE

	Pooled Mean Group	Mean Group	Dynamic Fixed Effects
VARIABLES	**Long Run**	**Long Run**	**Long Run**
Hausman test[2]			0.00
			(1.0000)
FS_{it}	. 0035259	-. 5 667 157	. 0018011
	(0.69)	(-1.38)	(0.19)
X_{it}	0.5761	. 0624367	. 0041859
	(. 18)	(2.02[b])	(0.28)
M_{it}	-. 0060184	-. 0785837	-. 0003025
	(-0.57)	(-1.20)	(-0.01)
E_{it}	. 0165472	3.213267	-. 0181783
	(0.25)	(1.37)	(-0.13)
Constant	-. 0347052	17.5759	. 1 512 317
	(-0.20)	(1.31)	(-0.33)

Source : Auteur, significativité des variables :

a) *au seuil de 1%;*

(b) *au seuil de 5 %;*

c) *au seuil de 10 %*

Ces explications peuvent aussi être complétées par la faible capacité d'absorption des innovations par les économies africaines. Cela est bien illustré par la faible significativité (10 %) des efforts en R&D des pays partenaires sur la PTF des économies de l'Afrique subsaharienne (Tableaux 2 et 3). Selon la thèse de la capacité d'absorption, lorsque l'écart technologique entre les pays proches de (ou sur) la frontière technologique et les pays partenaires commerciaux est trop important, l'économie locale peut ne pas être en mesure d'absorber le savoir étranger, car le savoir incorporé dans les biens importés peut être trop avancé pour que l'économie locale puisse les assimiler et les intégrer à son tissu productif. Cette explication, suggère donc un niveau optimal d'écart technologique afin de faire jouer l'effet bénéfique des importations ou investissements en technologie (Bouoiyour et Akhawayn, 2005; Görg et Greenaway, 2004). Sur cette base, cette faible significativité ou absence de significativité des variables peut être liée à une sélection adverse des partenaires commerciaux. Les partenaires commerciaux de l'Afrique subsaharienne inclus dans le modèle sont peut-être en moyenne les mauvais partenaires pour promouvoir les gains (diffusion technologique) en lien avec l'importation de la technologie ou du savoir.

La forte significativité seulement à court terme de l'exportation des biens manufacturés de l'Afrique subsaharienne supporte aussi cette dernière explication. La capacité limitée d'absorption réduit l'assimilation des nouvelles technologies et se traduit par leur faible ou superficielle incorporation dans les exportations des économies africaines d'où la contribution circonscrite au court terme de l'exportation des produits manufacturés sur les PTF. La présence de l'Afrique subsaharienne dans le commerce international n'est donc pas portée par sa capacité à tenir une position commerciale par l'incorporation d'innovations dans ses produits manufacturés, d'où la faible influence des exportations sur la PTF.

Tableau 3a : Résultats du modèle avec effets d'interaction

VARIABLES	Short Run	Short Run	Short Run
Error Correction	-1.079832	-1.069759	-1.069759
	(-10,04***)	(-12.46***)	(-12.46***)
ΔFS_{it}	. 3 252 777	3.051115	3.051115
	(1,82*)	(0.62)	(0.62)
ΔX_{it}	. 5 465 213	. 0791263	. 0791263
	(2.00**)	(2.50**)	(2.50**)
ΔM_{it}	. 0152256	-. 7 564 675	-. 7 564 675
	(1, 75*)	(-1.28)	(-1.28)
ΔE_{it}	. 0114149	. 4517.495	. 4517.495
	(1,87*)	(0.57)	(0.57)
$\Delta E_{it}* FS_{it}$	.0842199	-. 3 050 551	-. 3 050 551
	(1,70*)	(-0.62)	(-0.62)
$\Delta E_{it}* M_{it}$	0.074223	7564.738	7564.738
	(1,96**)	(1.28)	(1.28)
Hausman test[2]	3.57 (0.2970)	-1.069759	

Tableau 3b : Résultats du modèle avec effets d'interaction

	Pooled Mean Group		Mean Group	Dynamic Fixed Effects
Variables	Long Run	Short Run	Long Run	Long Run
Hausman test[2]		3.57 (0.2970)		
FS_{it}	1.0035259		-. 8 753 338	7.045641
	(1.02)		(-1.48)	(0.74)
	0.7571		. 068563	. 004205
X_{it}	(1.68)		(2.32**)	(0.28)
M_{it}	. 0160184		-. 2 264 021	3.04512
	(1.83*)		(-0.86)	(1.92**)
E_{it}	. 0165472		2.8821	-. 0365416
	(1.08)		(1.05)	(-0.24)
E_{it}* FS_{it}	.130008		. 3 080 077	. 0010799
	(1.76*)		(0.49)	(0.12)
E_{it}* M_{it}	. 094180		. 1 417 456	. 0021636
	(2.56**)		(0.56)	(0.10)
Constant	-. 0347052		17.73512	-. 1 807 222
	(-0.20)		(1.32)	

Source des tableaux 3a et 3b : Auteur

*** indique la significativité des variables au seuil de 1 %,

** indique la significativité des variables au seuil de 5 %,

* indique la significativité des variables au seuil de 10 %

Conclusion

Le rôle que joue le commerce international dans la diffusion technologique reste controversé dans la littérature économique. Le présent papier à partir de données provenant de pays africains et de leurs principaux partenaires de niveaux de développement différents régresse un modèle en Panel ARDL pour apprécier l'effet des échanges commerciaux sur le progrès technique de l'Afrique subsaharienne. La démarche méthodologique adoptée permet de tester le modèle le plus efficient entre un PMG, un MG et un DFE.

Les résultats démontrent qu'il existe un lien positif entre les échanges internationaux (importation et exportation) et le progrès technique. Cependant, cet effet de diffusion technologique est contenu au court terme et disparait dans le long terme. Ces résultats soutiennent un écart significatif entre la capacité d'importation des technologies mises au point ailleurs (capacité d'acquisition) et celle de déploiement efficace de la technologie importée dans les activités économiques. Ce qui limite les effets d'entraînement des technologies importées seulement au court terme. Cette limite peut être expliquée par le capital humain inapte à l'assimilation des technologies importées, d'une part, et la capacité d'absorption technologique limitée des économies visées, d'autre part.

L'étude suggère que si l'objectif est de favoriser la diffusion technologique par le commerce international, les pays de l'Afrique subsaharienne doivent commercer davantage avec les partenaires technologiquement plus proches d'eux.

Annexe

Tableau A1 : Variable, définition et source

Variable	Définition	Source
E_{it}	Indice de Développement Humain du pays africain i à la date t	Human Development Data http://hdr.undp.org/en/data
PTF_{it}	Productivité Totale des Facteurs de production mesurée comme la part de la croissance économique non expliquée par le travail et le capital, dérivé d'un modèle de comptabilité de la croissance économique à la Solow	The Conference Board / Total Economy Database
PIB_{it}	Produit intérieur brut	WDI
FS_{it}	Les efforts en recherches et développement des partenaires	WDI
M_{it}	La part des importations de Machines et matériel de transport de chaque pays africain i auprès du Monde dans leur PIB	CNUCED
X_{it}	La part des exportations d'Articles manufacturés et Articles manufacturés divers de chaque pays africain i vers le Monde dans leur PIB)	CNUCED

Tableau A2 : Description des variables

	PTFit	FS_{it}	M_{it}	X_{it}	E_{it}
Mean	-. 0081938	2.12e+1 4	3 083 00 2	1 855 303	. 4 637 628
Maximum	. 9 530 147	5.70e+1 6	3.57e+0 7	3.21e +07	. 698
Minimum	-. 4 028 197	3.39e+1 0	77 861.8 6	11 14 9.81	. 222
Std. Dev.	. 1 000 979	3.47e+1 5	6 364 70 1	5 221 240	. 110 135
Skewness	0.0000	0.0000	0.0000	0.000 0	0.0019
Kurtosis	0.0000	0.0000	0.0000	0.000 0	0.0019
Prob	0.0000	0.0000	0.0000	0.000 0	0.0003
Observation	350	270	280	280	312

Références

Agola N.O. (2016) *Technology Transfer For Economic Growth In Africa—Why It Matters*. In : Technology Transfer and Economic Growth in Sub-Sahara African Countries. Springer, Berlin, Heidelberg

Amsden A. (1990), Third World industrialization: "Global Fordism" or a new model? *The New Left Review*, No. 182, pp 5-31.

Arellano, M. (2003), ''*Panel Data Econometrics*''. Oxford University Press.

Arellano; M.et Bond, S. (1991) ''Some Tests of Specification for Panel Data: Monte Carlo Evidence and an Application to Employment Equations'' *Review of Economic Studies*, vol. 58, issue 2, pp. 277-297.

Arellano, M. et Bover, O. (1995). ''Another look at the instrumental variable estimation of error-components models''*Journal of Econometrics*, 1995, vol. 68, issue 1, 29-51

Baldwin, John R. et Wulong Gu (2004) ''Innovation, Survival and Performance of Canadian Manufacturing Plants.'' Economic Analysis (EA) Research Paper No. 022.

Baltagi, B. (2008). *Econometric analysis of panel data*, John Wiley and Sons, Chichester.

Baltagi, Gri, et Xiong (2000). To Pool or Not To Pool : Homogeneous Versus Heterogeneous Estimators Applied to Cigarette Demand. *Review of Economics and Statistics* 82: 117.

Barro, R. et Sala-I-Martin X. (1995), « *Economics Growth* », Mc Graw Hill, New-York.

Blackburne, E.F. et Frank, M.W. (2007). Estimation of nonstationary heterogeneous panels. *Stata Journal*, 7(2), pp. 197-208.

Blanas S. et Seric, A. (2017). "Knowledge Transfer and Intra-Firm Trade," Lancaster University Management School, Economics Department Economics *Working Paper* Series 17/20.

Blundell, R. et Bond, S. (1998). "Initial conditions and moment restrictions in dynamic panel data models," *Journal of Econometrics*, Elsevier, vol. 87(1), pages 115-143.

Borojo, D. G. et Jiang, Y. (2016) The Impact of Africa-China Trade Openness on Technology Transfer and Economic Growth for Africa: A Dynamic Panel Data Approach. *Annals of Economics and Finances* 17-2, pp. 403–431

Bouallegui, I. (2009) ''Spillovers technologiques et croissance économique : Une analyse économétrique sur données de panel de l'impact du commerce international et de l'IDE'' Présenté au Colloque international sur le Financement du développement : perspectives post-keynésiennes

Bouoiyour, J. et A. Akhawayn (2005). Labour productivity, technological gap and spillovers: Evidence from Moroccan manufacturing industries. *African Finance Journal* 7 (2), pp1-17.

Christopoulos, D. et Tsionas, M. (2004). ''Financial development and economic growth: evidence from panel unit root and cointegration tests. *Journal of Development Economics*, 2004, vol. 73, issue 1, 55-74

Coe, D. E. Helpman, et A. Hoffmaister (1997) ''North-South R&D Spillovers'' *Economic Journal*, vol. 107, issue 440, 134-49

Coe, D. T., et Helpman E. (1995) ''International R&D spillovers'' *European Economic Review* 39 (1995) 859-887

Coe, D.T. et R. Moghadam, 1993, Capital and trade as engines of growth in France: An application of Johansen's cointegration methodology, IMF Staff Papers 40, 542-666.

Coelli, F. Moxnes, A.et Ulltveit-Moe, K. H. (2018). " Better, Faster, Stronger: Global Innovation and Trade Liberalization," presented at the Barcelona GSE Community Events, January 2018.

Connolly, Michelle P. (1998) ''The Dual Nature of Trade: Measuring its Impact on Imitation and Growth'' Duke University - Department of Economics Date

Costantini J. A. et Melitz M. J. (2007) ‘‘The Dynamics of Firm-Level Adjustment to Trade Liberalization’’

Danquah, Michael, (2018). " Technology transfer, adoption of technology and the efficiency of nations: Empirical evidence from sub Saharan Africa," *Technological Forecasting and Social Change*, Elsevier, vol. 131(C), pages 175-182.

Coe D. T., E. Helpman et A. W. Hoffmaister (1997) ‘‘North-South R&D Spillovers.’’ Economic Journal, Royal Economic Society, vol. 107(440), pages 134-49, January

De Long, J. B. et L. H. Summers, 1991. Equipment Investment and Economic Growth. Quarterly Journal of Economics, 106, 445-502.

Demetriades, P. and S. H. Law (2006). “Finance, Institutions and Economic Growth”. *International Journal of Finance and Economics*, 11(3), 245-260.

Dulleck, Uwe et Foster, Neil, 2008. "Imported Equipment, Human Capital and Economic Growth in Developing Countries," *Economic Analysis and Policy*, Elsevier, vol. 38(2), pages 233-250.

Eaton, J. et S. Kortum (1996), ‘‘Trade in ideas Patenting and productivity in the OECD’’, *Journal of International Economics*, 40, issue 3-4, p. 251-278.

Eberhardt, M (2012). ‘‘Estimating panel time-series models with heterogeneous slopes’’ Stata Journal vol. 12, issue 1, 61-71

Ederington J. et McCalman P. (2008), ‘‘Endogenous firm heterogeneity and the dynamics of trade liberalization’’, Journal of International Economics, 74, issue 2, p. 422-440

Favara, G. (2003). An Empirical Reassessment of the Relationship between Finance and Growth. WP/03/123 Washington, DC : IMF.

Frantzen D. (2000). ‘‘R&D, Human Capital and International Technology Spillovers: A Cross-Country Analysis’’. *The Scandinavian Journal of Economics*, Vol. 102, No. 1, pp. 57-75.

Görg, H. et D. Greenaway (2004). Much ado about nothing? do domestic firms really benefit from foreign direct investment? *The World Bank Research Observer* 19 (2), pp171-197.

Grossman, G. M., and Helpman E. (1991) '*Innovation and Growth in the Global Economy*'' Cambridge, MA: MIT Press.

Guilhon B. et L. Hammami (2003) ''Transferts de Connaissances et Productivité du Travail dans les Activités de Services dans les pays du Sud et de l'Est de la Méditerranée''. *Revue Région et Développement* n° 17. pp : 49 – 74.

Ben Hammouda H. et Sadni-Jallab M. (2007) ''Trade Liberalization and Development: Lessons for Africa'' *The Journal of World Investment & Trade*, Vol 8, Issue 2, pages 269 – 287 DOI : 10.1163/221190007X00119.

Hijazi W. et Safarian A. (1999) ''Trade, Investements and R&D Spillovers'', *Journal of International Business Studies* Vol. 30, No. 3 pp. 491-511.

Holly S.,Raissi M. (2000), The Macroeconomic Effects of European Financial Development: A Heterogenous Panel Analysis. *FINESS Working Paper,* No. D.1.4, Deutsches Institut für Wirtschaftsforschung (DIW), Berlin

Hurlin, C. et V. Mignon (2016). Une Synthèse des Tests de Racine Unitaire sur Données de Panel. *Économie et Prévision*, N°168-170, pp. 253-294.

Im K.S., M. Pesaran et Y. Shin (2003) ''Testing for unit roots in heterogeneous panels,'' *Journal of Econometrics*, vol. 115, issue 1, pages 53-74, July.

Johansen, S. (1995*). Likelihood-Based Inference in Cointegrated Vector Autoregressive Models.* Oxford; New York : Oxford University Press.

Keller W. (2001) ''International Technology Diffusion'' *Journal of Economic Literature*, September 2004, 42(3) : 752-782.

Kiviet, J. (1995). ''On bias, inconsistency, and efficiency of various estimators in dynamic panel data models''. *Journal of Econometrics*, 1995, vol. 68, issue 1, 53-78

Loayza, N.V. et R. Rancière. (2006). Financial Development, Financial Fragility, and Growth. J*ournal of Money, Credit and Banking,* **38**(4), 1051-

1076.https://www.brunel.ac.uk/economics-and-finance/research/pdf/1321.pdf

Lucas, Robert (1988),"On the Mechanics of Economic Development'', *Journal of MonÉtary Economics*, 22, pp. 3-42.

Massell, B.F. (1970) Export Instability and Economic Structure. *American Economic Review*, 60, 618-630.

Mazumdar, J., 2001. Imported Machinery and Growth in LDCs. *Journal of Development Economics*, 65, 209-224.

Navas, Antonio, (2015). "Trade liberalisation and innovation under sector heterogeneity," *Regional Science and Urban Economics*, Elsevier, vol. 50(C), pages 42-62.

Nelson, R., et E. Phelps (1966) : "Investment in humans, technological diffusion, and economic growth," *American Economic Review*. Vol. 56, No. 1/2, pp. 69-75.

Pesaran, M. H. et Smith, R. (1995). "Estimating long-run relationships from dynamic heterogeneous panels," *Journal of Econometrics*, Elsevier, vol. 68(1), pages 79-113

Pesaran, H. et Shin, Y. (1999). "*An Autoregressive Distributed Lag Modelling Approach to Cointegration*" in Econometrics and Economic Theory in the 20th Century; The Ragnar Frisch Centennial Symposium Cambridge University Press, chapter. 4, pp. 371-413.

Pesaran, H. 1997, "The Role of Econometric Theory in Modelling the Long Run", *Economic Journal*, vol.107, no. 440, pp. 178-191.

Pesaran, M.H., Shin, Y. et Smith, R.P., (1999). Pooled Mean Group Estimation of Dynamic Heterogeneous Panels. *Journal of the American Statistical Association*, 94(446), 621-634.

Philipps, P., and B. Hansen (1990). Statistical Inference in Instrumental Variables Regression with I(1) Processes. *The Review of Economic Studies* 57, 99–125.

Rivera-Batiz, L.A. et Romer P.M., (1991), ''International trade with endogenous technological change'', *European Economic Review*, 35, 715-721.

Romer, P. M. (1990), « Endogenous Technological Change », *Journal of Political Economy*, Volume 98, Issue 5, Part 2, Pages S71-102.

Roodman, D. (2009). How to Do xtabond2 : An introduction to "Difference" and "System" GMM in Stata. *Stata Journal*, StataCorp LP, vol. 9(1), pages 86-136. Schumpeter J. (1942) ''*Capitalism, Socialism, and Democracy.*'' New York : Harper.

Segerstrom, P. S (1991), « Innovation, Imitation, and Economic Growth », *Journal of Political Economy*, Volume 99, Issue 4, Pages 807-827.

Stanley D. L. et Bunnag S. (2001), ''A new look at the benefits of diversification: lessons from Central America'', *Applied Economics*, vol. 33, p. 1369-1383.

World Bank, 2008. "Global Economic Prospects 2008 : Technology Diffusion in the Developing World," World Bank Publications, The World Bank, number 6335, October.

Chapitre 2
Ouverture commerciale et attractivité des IDE : quel effet de synergie du capital humain dans les pays à revenu intermédiaire ?

Nabil BOUBRAHIMI[1]
Azzedine GHOUFRANE[2]
Hamid FAYOU[3]

Introduction

Dans un contexte international marqué par la mondialisation des échanges et la prolifération des accords commerciaux préférentiels, l'attractivité des flux des IDE par les pays en voie de développement nécessite une politique commerciale appropriée avec une ouverture économique convergente qui est mesurée, principalement, par le taux d'ouverture[4]. Aussi, un capital humain hautement qualifié est indispensable pour que ces pays puissent relever les défis de la concurrence mondiale et de profiter le mieux possible des opportunités offertes par le commerce international.

Les investigations portant sur le lien entre l'ouverture commerciale et le capital humain sont relativement récentes (Robbins (1996). Pissarides (1995), Berthélemy, Dessus et

---

[1] Université Ibn Tofail de Kénitra, email : nboubrahimi@gmail.com
[2] Université Mohammed V de Rabat, email : a.ghoufrane@um5s.net.ma
[3] Université Ibn Tofail de Kénitra, email : fayouhamid@gmail.com

[4] L'ouverture économique d'un pays est généralement mesurée par l'indicateur du taux d'ouverture qui met en évidence l'importance des échanges extérieurs dans l'activité économique du pays. Autrement dit, la part de son PIB faisant l'objet d'échanges internationaux. Le taux d'ouverture est : Taux d'ouverture = (exportations + importations) / PIB. A noter que d'autres analystes retiennent comme mesure de l'ouverture d'une économie aux échanges, un taux d'ouverture moyen = (exportations + importations) / 2PIB.

Varoudakis (1997), Owen (1999)). Elles découlent, pour l'essentiel, des travaux sur l'attractivité des IDE, particulièrement, de ceux relevant des déterminants des IDE et des théories des Firmes Multinationales. En effet, si chacun de ces deux concepts à savoir : l'ouverture commerciale et le capital humain pris à part figurent parmi les déterminants des IDE, les plus utilisés par la littérature, leurs interactions possibles demeurent une question qui divise profondément la communauté scientifique.

Ainsi, même si la majorité des travaux de recherche considèrent qu'il existe une forte complémentarité entre le capital humain et l'ouverture commerciale, dans leurs impacts sur l'attractivité des IDE, les réponses divergent sur le sens de la relation de causalité pouvant les lier. Ainsi, dans ce cadre, Ullah, Z. W. (2018), Siddique, H. M. A., Ansar, R., Naeem, M. M., et Yaqoob, S. (2017) considèrent que l'impact de l'ouverture commerciale sur l'attractivité des IDE dépend de la qualité du capital humain dans les pays hôtes. En revanche, Jadoon, A. K., Rashid, H. A., et Azeem, A. (2015), Essays, UK. (2018) estiment que c'est plutôt l'ouverture commerciale qui conditionne l'impact du capital humain sur l'attractivité des IDE. Pour eux, le lien de causalité va de l'ouverture vers l'accumulation du capital humain alors que le premier courant pense au sens contraire.

Nous cherchons, à travers cette contribution, à élucider les interactions entre l'ouverture commerciale, le capital humain et les IDE pour le cas des pays à revenu intermédiaire de la tranche inférieure tel que le Maroc. Il s'agit d'analyser les relations théoriques potentielles qui existeraient entre ces variables d'ordre macroéconomique et de tester lesdites relations à travers une étude empirique en utilisant des outils économétriques, notamment l'économétrie en données de panel.

Dans cette perspective ce présent chapitre se focalisera sur la relation empirique éventuelle entre le degré d'ouverture, l'accumulation du capital humain et les flux des IDE entrants pour un panel de 35 pays à revenu intermédiaire de la tranche inférieure.

L'échantillon et la période ont été choisis de sorte à éviter des problèmes éventuels d'effet de seuils. En effet, une période plus longue et un échantillon hétérogène risquent de produire des changements structurels au sein des séries temporelles ou déterminantes des groupes de pays aux comportements similaires en coupe transversale. Notre échantillon nous autorise, à priori, à opter pour un modèle linéaire. La catégorie des pays à revenu intermédiaire de la tranche inférieure a été retenue pour que le Maroc soit parmi les pays de l'échantillon.

L'estimation économétrique devrait nous permettre *in fine* de saisir la relation entre l'ouverture commerciale et l'accumulation du capital humain. L'hypothèse à valider consiste en l'existence d'une relation circulaire entre les deux variables telle que formulée par Pissarides, C.A (1997). En effet, un pays ne peut tirer pleinement profit de l'ouverture commerciale que s'il dispose, au préalable, d'un seuil minimum de capital humain indispensable pour s'approprier des nouvelles technologies et dans le même temps, l'ouverture commerciale favorise l'orientation du capital humain vers les activités économiques à forte productivité et contribue ainsi à consolider l'accumulation du capital humain.

Pour développer ces points, cette contribution sera articulée comme suit :

- la première section abordera la revue de littérature relatant l'interaction entre l'ouverture commerciale et le capital humain comme déterminants de l'implantation des firmes étrangères dans un pays donné.

- la deuxième section déclinera l'échantillon étudié et les sources des données.

- la troisième section concernera l'analyse descriptive nécessaire pour le traitement des données et

- la dernière section examinera empiriquement l'objet du travail en utilisant la méthode des moments généralisés en système MMGS - *System generalized method of moments (SGMM)* -

- la discussion des résultats obtenus sera l'objet de la conclusion.

1. Revue de littérature

La littérature examinant les déterminants et les facteurs d'attractivité des flux des IDE et plus précisément l'impact de l'ouverture commerciale sur l'amélioration de cette attractivité dans les économies d'accueil est abondante pour les pays émergents[1] et même pour le cas des pays en voie de développement[2]. En effet, la plupart des travaux empiriques ont abouti à des résultats mettant en exergue l'importance du capital humain dans cette équation fondamentale (ouverture et IDE). La première catégorie des travaux analyse le rôle du capital humain dans l'équation Ouverture-IDE.

À cet effet, Kim, D. H et *al.* (2013) ont mené une étude empirique pour tester explicitement les interactions entre les IDE, l'ouverture commerciale et l'investissement domestique. Ils ont analysé la capacité d'absorption (une référence spécifique au capital humain) des pays hôtes comme déterminant essentiel dans cette problématique à travers un échantillon composé de 85 pays et sur une durée allant de 1975 à 2010. Les résultats obtenus par ces auteurs montrent que la variable ouverture commerciale a un effet négatif sur les pays qui connaissent un niveau faible du capital humain. En effet, l'importance du capital humain est liée essentiellement à la capacité d'une main-d'œuvre hautement qualifiée et bien éduquée d'absorber les effets de *spillovers* (les nouvelles technologies, les techniques managériales, etc.) engendrés par les IDE (Abramovitz, 1986, Borensztein, E., De Gregorio, J., et Lee, J. W. (1998), Cohen et Levinthal, 1989, Kneller, 2005, Kneller et Stevens, 2006).

Kheng, V., Sun, S., et Anwar, S. (2017) ont utilisé un panel de 55 pays en voie de développement sur la période 1980-2011. Leur analyse économétrique a été basée sur l'estimation du modèle à

---

[1] Ce sont les pays qui connaissent une croissance économique rapide pendant une période assez longue (10 ans) et un processus de développement social assez soutenu pour relever le niveau de vie de leurs citoyens (Chine, etc.).

[2] Ces pays connaissent un taux de croissance économique insuffisant cyclique accompagné par des déficits sociaux assez remarquables dans des domaines comme la santé et l'éducation.

effets fixes via des équations simultanées. Les résultats de l'étude révèlent une causalité bidirectionnelle significative entre le capital humain et les flux des IDE. Les auteurs indiquent qu'il faut une coordination simultanée entre la politique de promotion et d'attractivité des IDE (y compris la libéralisation commerciale) et la politique de développement et de formation du capital humain en particulier marquée par l'augmentation des dépenses destinées aux secteurs de l'éducation et de formation.

Dans le même ordre d'idées, Jadoon et *al* (2015) ont utilisé un échantillon de pays asiatiques (Inde, Indonésie, Japon, Malaisie, Pakistan, Singapour, Corée du Sud et Sri Lanka) regroupés en pays à faible revenu (Inde, Indonésie, Pakistan et Sri Lanka) et en pays à revenu élevé (Japon, Malaisie, Singapour et Corée du Sud). Les résultats montrent que l'impact de l'ouverture commerciale sur le capital humain est positif pour les deux groupes, mais avec une nuance de détail à savoir que l'impact demeure très significatif uniquement pour les pays à revenu élevé en raison, principalement, de la haute qualité du capital humain disponible. Ainsi, les externalités positives de l'ouverture commerciale sont profondément liées à la productivité du capital humain. Ce dernier n'a pas atteint un niveau suffisant dans les pays à faible revenu en raison d'une main d'ouvre moins formée et moins qualifiée.

Par conséquent, l'investissement dans le capital humain demeure la condition sine qua non pour les pays en développement s'ils souhaitent déclencher des effets bénéfiques dans leurs économies à travers l'ouverture commerciale.

Li et Liu (2005) ont étudié la relation entre les IDE et la croissance économique pour un panel de 84 pays (21 développés et 63 en développement). Leurs travaux ont montré que les IDE favorisent pleinement la croissance économique à travers des effets directs, mais aussi à travers leurs interactions avec le capital humain. Les auteurs montrent aussi que l'écart technologique entre les pays en développement et les pays développés pourrait limiter les effets positifs des IDE. De ce fait, la disponibilité d'une main-d'œuvre hautement qualifiée permet de réduire cet écart technologique entre le pays d'origine et pays d'accueil.

Zakaria et *al* (2014) ont examiné l'impact de la libéralisation commerciale sur les flux des IDE au Pakistan. En utilisant des données trimestrielles de 1972 à 2010, l'étude a abouti à deux principales conclusions : premièrement, un effet positif et significatif de la libéralisation commerciale sur les IDE. Deuxièmement, parmi les facteurs justifiant cet impact de la libéralisation sur les flux de capitaux au Pakistan figurent l'inflation, l'infrastructure, le régime de change et la dette extérieure et enfin, le développement du capital humain qui constitue l'un des éléments fondamentaux pour ledit impact.

Dans une étude économétrique en série chronologique testée sur l'économie thaïlandaise au cours de la période 1973-2000 (données trimestrielles), Tanna et Topaiboul (2005) ont utilisé le test de causalité avec les variables suivantes : les IDE, le PIB et le capital humain (mesuré par le taux moyen d'années d'études), l'ouverture commerciale et l'investissement domestique. Les auteurs parviennent au constat que l'ouverture commerciale joue un rôle important dans l'attractivité des IDE ce qui est de nature à influencer par la suite l'investissement domestique via les effets d'entrainements engendrés par les flux initiaux d'IDE.

Pour la deuxième catégorie d'études empiriques ayant étudié la relation entre les IDE et le capital humain via le canal de l'ouverture commerciale, Mansouri (2009) a tenté d'expliquer l'effet des IDE sur la croissance économique au Maroc durant la période 1970-2005. L'auteur a indiqué que ledit impact dépendrait probablement du régime commercial en vigueur. À cet effet, un régime commercial libéral pourrait créer un climat d'investissement générateur d'apprentissages pour le capital humain. En outre, d'après le même auteur, l'ouverture commerciale pourrait renforcer l'accès à des marchés plus vastes et pourrait, vraisemblablement, aider à attirer plus des IDE. Par conséquent, dans un contexte de libéralisation commerciale, les IDE pourraient contribuer fortement au transfert de la technologie moderne et de l'innovation des pays développés vers ceux en développement.

Dans une étude plus récente, les résultats obtenus par Tsaurai (2017) révèlent un impact positif et significatif des variables de croissance économique, d'ouverture commerciale, du capital humain et de la stabilité du taux de change sur les flux des IDE entrants dans les pays du BRICS. L'auteur a insisté sur le fait que le degré d'affectation du capital humain dépend du taux d'ouverture dans ces pays.

Dans cette perspective, on peut citer également l'étude de Sonmez, et *al* (2009) ayant utilisé l'économétrie des données de panel sur un échantillon de 10 pays développés et 10 pays en voie de développement avec une courte période (1996-2005). Les résultats suggèrent l'impact positif du capital humain sur la croissance économique dans ces pays avec des taux différents. Cependant, d'après les auteurs, un régime commercial libéralisé et un volume des IDE conséquent demeurent les principaux canaux de diffusion du stock de capital humain avec des dépenses importantes en recherche et développement dans ces pays.

Enfin, Haq et Luqman (2014) qui ont retenu un échantillon de neuf pays asiatiques pendant la période 1972-2012 ont abouti aux résultats ayant confirmé l'idée selon laquelle les pays en question profitent de leur insertion dans le commerce international qui renforce l'accumulation du capital humain et contribue positivement à leur croissance économique.

2. Échantillon et sources de données

Notre échantillon se compose de 35 pays en développement[1] appartenant tous à la catégorie des pays à revenu intermédiaire de la tranche inférieure selon le classement établi par la Banque Mondiale en 2018. L'étude couvre la période 1970- 2015 avec des observations quinquennales.

En 2015, le PIB par habitant dans ces pays varie entre 925 à 4.264 (en dollars constants de 2010). Aussi, le nombre moyen d'années d'études de la population âgée de 15 ans montre un

[1] L'échantillon des pays est composé de : Arménie, Bangladesh, Bolivie, Cambodge, Cameroun, République du Congo, Côte d'Ivoire, Égypte, Salvador, Ghana, Guatemala, Honduras, Inde, Indonésie, Jordanie, Kenya, République kirghize, République démocratique populaire de lao, Lesotho, Mauritanie, Moldavie, Mongolie, Maroc, Myanmar, Nicaragua, Pakistan, Philippines, Sri Lanka, Soudan, Eswatini (ex-Swaziland), Tadjikistan, Tunisie, Ukraine, Vietnam, Zambie.

écart important allant de 3,21 à 11,15 ans pour le même échantillon durant la même année. Il en découle une performance à l'export qui enregistre une variation allant d'un taux minimal de 8 % à un taux maximal de 89 % du PIB.

Les pays de l'échantillon appartiennent au continent africain, à l'Asie, à l'Europe et à l'Amérique centrale et du sud. D'après le tableau ci-dessous, les pays de l'Afrique subsaharienne représentent 29 % de totalité de l'échantillon et il est à noter que la majorité des pays de notre échantillon sont des pays membres dans l'OMC[1].

Tableau 1 : Répartition de l'échantillon des pays (en %)

Pays	Zone géographique	%
Arménie, Kirghize, Moldavie, Tajikistan, Ukraine	Europe et Asie Centrale	14 %
Bangladesh, Inde, Pakistan	Asie du Sud	9 %
Bolivie, Salvador, Guatemala, Honduras, Nicaragua	Amérique Latine et Caraïbes	14 %
Cambodge, Indonésie, Lao, Mongolie, Myanmar, Philippines, Sri Lanka, Vietnam	Asie de l'Est et Pacifique	23 %
Côte d'Ivoire, Ghana, Cameroun, Kenya, République du Congo, Lesotho, Mauritanie, Soudan, Eswatini (ex- Swaziland), Zambie	Afrique Subsaharienne	29 %
Égypte, Jordanie, Maroc, Tunisie	MENA	11 %

Source : Elaboration auteurs

L'étude en question porte sur les données macroéconomiques de la période allant de 1970 à 2015. Ces données sont issues de deux bases internationales en

[1] https://www.wto.org/french/thewto_f/whatis_f/tif_f/org6_f.htm

l'occurrence la base de données de la Banque Mondiale où sont extraites la plupart des variables de cette étude et la base de données de Barro et Lee (2016) qui a servi pour la collecte des statistiques ayant permis de mesurer l'indicateur du capital humain (Voir le Tableau 2).

Tableau 2 : Liste des variables et Source des données utilisées

N°	Variables	Notations	Forme	Sources
1	PIB par habitant	PIBh	En $ US constants de 2010	WDI
2	Taux d'investissement	FBCF	En pourcentage du PIB	WDI
3	IDE	IDE	Les flux d'IDE entrant en pourcentage du PIB	WDI
4	Taux d'ouverture commerciale de l'économie	DO	((X+M))/2PIB	WDI
5	Taux de croissance de la population	POP	En pourcentage de la population totale du pays	WDI
6	Niveau d'études d'années scolaires des personnes âgées de 15 ans et plus	KH	En nombre d'années	Barro et Lee (février 2016)

Source : élaboration auteurs

3. Statistiques descriptives et corrélations

Les tableaux (2) et (3) présentent respectivement les statistiques descriptives et les corrélations entre les variables. Nous remarquons que le pourcentage moyen en fonction du des flux d'IDE de notre échantillon sur la période quinquennale d'étude (1970-2015) est de 18,5 % du PIB. Le plus faible pourcentage est celui de la Mauritanie au cours de la même période (1975-1980), tandis que le Lesotho est le pays qui connaît le pourcentage le plus élevé avec 26,2 % du PIB pour la même période.

En ce qui concerne le taux d'ouverture, le Myanmar (ex-Birmanie) enregistre la valeur minimale 0.2180095 % au cours de la période 2005-2010, tandis que, la valeur maximale est

enregistrée en Eswatini (ex-Swaziland) avec un taux d'ouverture de 169.7024 % au cours de la période quinquennale 1980-1985. On peut remarquer qu'il n'y a pas une très forte dispersion au sein de l'échantillon puisque les écarts-types sont généralement inférieurs de leurs moyennes (Voir tableau 3).
Pour la variable de capital humain (nombre moyen d'années scolaires des personnes âgées de 15 ans et plus), la valeur minimale est enregistrée au Soudan (0,73 an) sur la période 1970-1975. Par contre, la valeur maximale est enregistrée en Arménie (11,15 ans) pendant la période quinquennale 2010-2015.
Le nombre d'observations pour les différentes variables n'est pas tout à fait identique, ceci s'explique par l'existence de données non renseignées.

Tableau 3 : Statistiques descriptives des variables

Variables	N.obs	Moyenne	Ecart type	Minimum	Maximum
IDE	253	2.61843	3.44509	-2.875973	26.23039
DO	263	71.46972	35.39826	0.2180095	169.7024
KH	315	5.17	2.488439	0. 73	11.15
FBCF	257	21.47434	7.19564	4.993203	59.74309
POP	315	2.092941	1.041976	-2.135431	5.167476
PIBH	283	1519.384	860.6449	170.6224	4148.874

Source : calculs des auteurs sous stata 13.0.

Concernant l'analyse de la matrice variance-covariance, la corrélation entre les IDE et les autres variables montre, dans un premier temps, l'existence d'une corrélation positive entre les IDE, le taux d'ouverture, le capital humain, la Formation Brute du Capital Fixe et le PIB par habitant, et dans un second temps, l'existence d'une corrélation négative avec le taux de croissance de la population.

Tableau 4 : Corrélations entre les variables

	IDE	DO	K	FBCF	POP
IDE	1.0000				
DO	0.4841	1.0000			
KH	0.3540	0.3817	1.0000		
FBCF	0.3816	0.3741	0.1469	1.0000	
POP	-0.1328	-0.1309	-0.6278	-0.1086	1.0000
PIBH	0.2146	0.3097	0.2712	0.2118	- 0.2076

Source : calculs des auteurs sous stata 13.0.

Pour visualiser la relation entre les flux des IDE et l'ouverture commerciale, nous présentons le nuage de points reliant les investissements directs étrangers et le taux d'ouverture.

Figure 1 : Nuages des points (IDE–Ouverture) par une fonction linéaire.

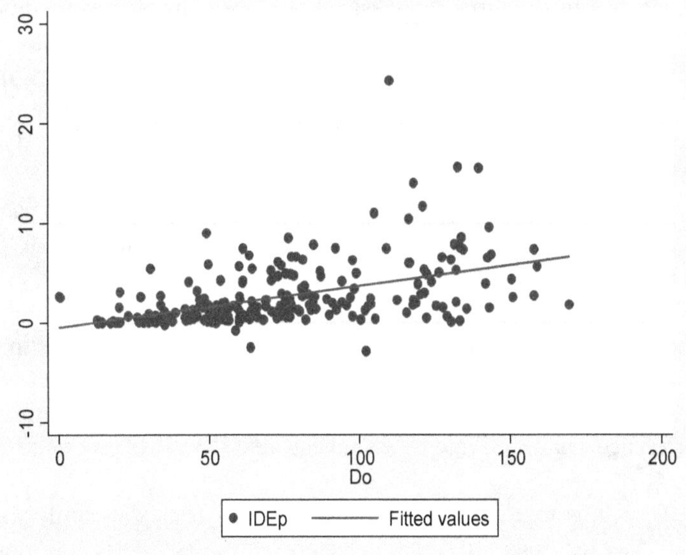

Source : calculs des auteurs sous stata 13.0 via la base des données de la BM.

La figure 1 ci-dessus montre que la fonction IDE-Ouverture est une fonction linéaire ayant une pente positive ce qui signifie l'existence d'une corrélation positive entre l'augmentation de la variable ouverture et celle relative à l'attractivité des IDE.

4. Méthodologie

Un modèle dynamique est un modèle dans lequel un ou plusieurs retards de la variable dépendante figurent comme variables explicatives. À l'inverse du GMM (*Generalized Method of Moment*) dynamique, mis au point par Blundell et Bond (1998) et les techniques économétriques standards comme les moindres carrés ordinaires MCO d'un modèle statique ne permettent pas d'obtenir des estimations efficientes d'un tel modèle à cause de la présence d'une variable dépendante retardée à la droite de l'équation.

L'avantage de cette méthode est qu'elle permet de résoudre les problèmes de biais de simultanéité, de causalité inverse et de variables omises qui affaiblissaient les résultats des estimations économétriques. Cette méthode permet également de traiter le problème de l'endogénéité de toutes les variables explicatives, qui se pose lorsqu'on étudie l'effet de synergie entre l'ouverture commerciale et le capital humain sur l'attractivité des IDE dans notre modèle économétrique.

Il existe deux variantes de l'estimateur des GMM en panel dynamique : l'estimateur GMM en première différence (MMGD) et l'estimateur GMM en système (MMGS).

L'estimateur GMM en première différence consiste à prendre pour chaque période la première différence de l'équation à estimer pour éliminer les effets spécifiques des pays et ensuite instrumenter les variables explicatives de l'équation en première différence par leurs valeurs en niveau retardées d'une période ou plus.

Dans nos régressions, les résultats de ces tests sont conformes aux attentes ainsi que les statistiques de ces tests ne nous permettent pas de rejeter l'hypothèse Ho relative à la validité des variables retardées. En introduisant donc la variable endogène retardée comme variable explicative, on obtient ainsi l'équation (notre modèle économétrique) suivante :

$$IDE_{it} = \alpha + \beta_1.IDE_{i,t-1} + \beta_2.\,DO^*KH + \sum_{j=1}^{k} \delta_j.x_{it} + \eta_i + \varepsilon_{it}\,;$$
$$i = 1 \dots n\,;\, t = 1 \dots T\,;\, j = 1 \dots k$$

Où :

IDE désigne les flux des investissements directs étrangers entrants ;
DO, exprime le degré d'ouverture ;
KH est le capital humain ;
DO*KH est une variable interactive qu'on va créer ; et X est le vecteur des variables de contrôle que représentent : la formation brute de capital fixe (FBCF), le taux de croissance de la population (Pop) et le PIB par habitant (PIBh) ;
εit le terme d'erreur du modèle ;
i est le pays et T est le temps.

5. Discussion des résultats

En utilisant donc la méthodologie des données de panel dynamique pour 35 pays à revenu intermédiaire de la tranche inférieure sur la période allant 1970-2015 (données quinquennales), on obtient les résultats présentés dans le tableau (4).

Tableau 5 : l'effet de synergie de l'ouverture commerciale et le capital humain sur les flux des IDE

Var dépend : IDE en pourcentage du PIB	GMM system			
	(1)	(2)	(3)	(4)
IDE_{it-1}	0.285755 (0.0479967)***	0.3626555 (0.0523313) ***	0.3636916 (0.0391112) ***	0.4187805 (0.0156128) ***
DO	0.3216398 (0.2357272)	(0.3569713) (0.1198898) ***		0.2238283 (0.0650094)***
KH	0.2358856 (0.0916024)**	0.0785031 (0.0179966) ***	0.1556087 (0.0575118) **	0.1362915 (0.0179151) ***
*KH*DO*		0.0005495 (0.0001497) ***		0.199367 (0.0723073) ***
FBCF			1.906462 (0.1903838) ***	1.74348 (0.0826977) ***
POP			0.0032513 (0.1568078)	0.1557404 (0.0700399) **
PIBh			-0.1615546 (0.1967802)	-0.0125041 (0.0730238)
Constante	-2.232051 (0.6091179)***	-1.755572 (0. 5 060 482) ***	-5.102754 (1.401805) ***	-6.548435 (0.3394156) ***
Observations	199	199	182	181
AR (1)	0.001	0.001	0.001	0.001
AR (2)	0.589	0.443	0.729	0.641
Test de Hansen	0.117	0.101	0.112	0.054

*Notes : ***significativité à 1 %, ** significativité à 5 %, * significativité à 10 %.*

Les écarts-types corrigés de l'hétéroscédasticité sont entre crochets; les probabilités liées respectivement aux tests AR (1) et AR (2) sont inférieures et supérieures à 5 %. On accepte donc la présence d'un effet AR (1).

Pour les résidus et on accepte l'absence d'un effet AR (2) ; la probabilité liée au test de Sargan est supérieure à 5 %, les instruments sont donc valides.

Il ressort du tableau ci-dessus résumant les résultats de l'estimation de différentes régressions via la méthode SYS-GMM que la régression (1) montre l'effet du capital humain qui présente un coefficient positif et son impact demeure statistiquement significatif au seuil de 5 % (tableau 4). De ce fait, lorsque le nombre moyen d'années d'études augmente d'un an, les flux des investissements directs étrangers augmentent de 0, 235 %. Ce constat est conforme à la littérature récente empirique notamment ce qui ressort des travaux de Park, (2018), Dutta, Kar et *al* (2017) et Sadeghi, et *al.* (2018). En plus, l'ouverture commerciale présente, également, un coefficient positif, mais statistiquement non significatif.

Jusqu'à présent, lors de l'estimation, nous avons considéré l'effet de chaque variable explicative. L'ouverture commerciale et le capital humain qui sont constants quelle que soit la valeur retenue par l'autre variable. Il est cependant possible que l'effet de chaque variable ne soit pas constant, mais varie en fonction des valeurs prises par l'autre variable indépendante introduite dans le modèle.

Dans ce sens, on a inclu au niveau de l'équation (2) la variable interactive (KH*DO) pour observer son effet sur l'attractivité des IDE dans cet échantillon. On remarque que toutes les variables ont des signes attendus et en particulier, l'effet de l'ouverture qui devient significatif à partir du moment où on a introduit la variable interactive ; ce qui est confirmé par les travaux empiriques élaborés dans de ce domaine (Kheng, Sun et Anwar (2017)).

L'effet indirect du capital humain sur l'ouverture commerciale conforte notre hypothèse selon laquelle une politique éducative devrait accompagner l'ouverture commerciale.

La régression (3) montre qu'il existe un effet positif et significatif du capital humain sur l'attractivité des IDE, et ce au même titre que la FBCF qui a pratiquement le même un effet sur l'attractivité des IDE.

Dans ladite régression, nous avons introduit d'autres déterminants (variables de contrôle) des IDE tels que la FBCF, le taux de croissance de la population et le PIBh, tandis que nous avons exclu les indicateurs de l'ouverture commerciale et également la variable interactive dans la liste des variables explicatives.

Cependant, l'élasticité positive entre les IDE et la FBCF nous renseigne sur l'existence d'une relation de complémentarité entre les capitaux étrangers et l'investissement public dans le financement de projets structurants engagés par les pays hôtes.

Pour sa part, la variable population agit de façon positive et non significative sur l'attraction des IDE. L'impact ne peut être significatif que si le niveau éducatif de cette population est élevé (nombre d'années d'études faible (5,17) comparé à la moyenne internationale (9 à 12 années d'études).

En outre, en ce qui concerne la variable relative à la taille du marché intérieur exprimée par le PIB par habitant, elle apparaît non significative dans le modèle estimé. Cela s'explique par le fait que l'attraction des IDE n'est pas déterminée par l'importance du PIB par habitant dans l'échantillon retenu notamment en présence des inégalités en termes de revenus. Ces dernières représentent des contraintes majeures limitant l'impact positif que pourrait avoir le niveau élevé du PIB par habitant comme un déterminant dans l'attraction des IDE dans les pays de l'échantillon.

Dans la régression (4), le fait d'ajouter la variable interactive aux déterminants mentionnés précédemment dans la régression (3) permet de conclure que la variable de la population devient significative alors que le PIB par habitant demeure toujours non significatif.

Il convient de noter que l'effet de l'ouverture du pays sur l'attractivité des IDE dépend non seulement de l'existence d'une population, mais le critère de celle-ci est qu'elle soit bien formée et éduquée autrement dit, il y a nécessité d'une population qualifiée si l'on veut que ce capital humain soit un déterminant significatif et majeur pour l'attrait des IDE et surtout que cela doit être accompagné par une ouverture commerciale qui joue un rôle d'amplificateur de l'effet capital humain sur l'attrait des IDE par les économies de l'échantillon.

Conclusions

Dans notre tentative de validation empirique, nous avons essayé de clarifier l'effet de synergie entre une politique commerciale orientée vers l'extérieur et une politique éducative susceptible de l'accompagner pour atteindre les objectifs de croissance et d'émergence.

Pour cela, le choix d'un échantillon représentatif de pays à revenu intermédiaire de la tranche inférieure a été retenu afin de faire figurer le Maroc parmi les pays étudiés et tirer les conclusions à même de comprendre les enseignements de la relation : ouverture commerciale, capital humain et attrait des IDE.

Les résultats de la littérature présentée dans ce travail ont été vérifiés par le choix de l'utilisation du modèle en données de panel dynamique qui mobilise la méthodologie de GMM en système. Le choix de ce modèle dynamique a permis de résoudre les problèmes de biais de simultanéité, de causalité inversée et de variables omises.

Notre analyse a porté sur un panel de 35 pays avec des données quinquennales couvrant la période 1970-2015 et le choix de la série quinquennale s'explique, principalement, par la non-disponibilité des données annuelles concernant la variable relative à la moyenne d'années scolaires des personnes âgées de 15 ans et en vue d'obtenir *in fine* un panel cylindré.

Les principaux résultats de ce travail sont les suivants :

- l'ouverture commerciale et l'attractivité des IDE ne sont significativement et positivement corrélées qu'avec la présence d'une variable composite du capital humain et du degré d'ouverture « KH*DO ».
- Un effet positif et significatif du taux de croissance de la population sur les flux entrants des IDE est observé lorsqu'il y a une forte ouverture commerciale.
- La population à laquelle on fait référence est une population bien formée et bien éduquée;

- on remarque aussi un effet positif et significatif du taux d'investissement domestique sur l'attractivité des IDE, ce qui n'est pas le cas pour le PIB par habitant dont l'effet demeure insignifiant sur les flux des IDE.

En se basant sur les résultats obtenus, il convient de noter la nécessité de la conception des politiques publiques en matière d'éducation et de formation en adéquation avec les besoins des secteurs d'activité exportateurs de chaque pays.

Sans ces politiques, l'impact du capital humain ne sera pas un déterminant de l'attractivité des IDE dans un environnement marqué par une ouverture commerciale des économies, mais plus tôt un handicap majeur à cette attractivité, quels que soit les efforts fournis par le pays dans le domaine d'encouragement et de promotion des investissements directs étrangers.

Dans le même ordre d'idées, il convient de concevoir la politique d'ouverture commerciale par rapport à la disponibilité du stock du capital humain. Dans cette perspective, le choix de l'ouverture ne permet pas de tirer profit de l'insertion d'un pays dans l'économie mondiale et d'améliorer l'attractivité des flux d'IDE sans une mise à niveau de son capital humain.

Références

Berthélemy J. C., Dessus S. et Varoudakis A. (1997). "Capital humain et croissance : le rôle du régime commercial" *Revue économique*, 48-3, pp. 419-428, https://www.persee.fr/doc/reco_0035 2764_1997_num_48_3_409883

Blundell, R., and Bond, S. (1998). "Initial conditions and moment restrictions in dynamic panel data models" *Journal of econometrics*, 87(1), 115-143.

Borensztein E., De Gregorio J., et Lee J. W. (1998). "How does foreign direct investment affect economic growth?", *Journal of International Economics,* 45(1), 115-135.

Christopher A. Pissarides (1997). "Learning by Trading and the Returns to Human Capital in Developing Countries"*World Bank Economic Review* Volume 11, Issue 1

Cohen W. M., Levinthal, D. A. (1989). “Innovation and learning: the two faces of R & D”. *The Economic Journal,* 99(397), 569-596.

Cohen W. M and Levinthal D.A. (1990), “Absorptive capacity: a new perspective on learning and innovation”. *Administrative Science Quarterly* (1) : 128-152.

Essays UK. (2018) voir UKessays

Haq M., Luqman M. (2014). “The contribution of international trade to economic growth through human capital accumulation: Evidence from nine Asian countries.” *Cogent Economics & Finance*, 2(1), 947 000.

Jadoon A. K., Rashid H. A., Azeem A. (2015). “Trade liberalization, human capital and economic growth: Empirical evidence from selected Asian countries”. *Pakistan Economic and Social Review*, 53(1), 113.

Li X. and Liu X., 2005, “Foreign direct investment and economic growth : an increasingly endogenous relationship”, *World Development* 33, pp. 393-407 –

Kim, D. H., Lin, S. C., et Suen, Y. B. (2013). “Investment, trade openness and foreign direct investment: Social capability matters. *International Review. of Economics & Finance,*

Kheng, V., Sun, S., Anwar, S. (2017). “Foreign direct investment and human capital in developing countries: a panel data approach”. *Economic Change and Restructuring*, 50(4), 341-365.

Kneller, R., Stevens, P. A. (2006). “Frontier technology and absorptive capacity: Evidence from OECD manufacturing industries”. *Oxford Bulletin of Economics and Statistics*, 68(1), 1-21.

Mansouri, B. (2009). « Effets des IDE et de l’ouverture commerciale sur la croissance économique au Maroc ». Centre de conférences des Nations Unies, Addis-Abeba, Éthiopie.

Owen Ann L. (1999), “International Trade and the Accumulation of Human Capital” *Southern Economic Journal* Vol. 66, No. 1 (Jul., 1999), pp. 61-81

Shah, M. H., Khan, Y. (2016). “Trade liberalization and FDI inflows in emerging economies. *Business & Economic Review.* 8(1), 35-52

Pissarides, C. A. (1997). "Learning by trading and the returns to human capital in developing countries". *The World Bank Economic Review*, 11(1), 17-32.

Robbins, D.J. (1996) "HOS hits Facts: Facts Win; Evidence on Trade and Wages in the Developing World". *Harvard Institute for International Development. Discussion Paper No. 557.*

Siddique, H. M. A., Ansar, R., Naeem, M. M., et Yaqoob, S. (2017). "Impact of FDI on Economic Growth: Evidence from Pakistan" *Bulletin of Business and Economics* (BBE), 6(3), 111-116.

Sonmez, F. D., et Sener, P. (2009). "Effects of human capital and openness on economic growth of developed and developing countries : a panel data analysis." *International Journal of Social and Human Sciences*, 3, 633-637.

Tanna, S., Topaiboul, K. (2005). "Human capital, trade, FDI and economic growth in Thailand: what causes what ? " In *DEGIT Conference Papers,* 3-5 June, Mexico City.

Tsaurai, K. (2017). "The Dynamics of Foreign Direct Investment in BRICS Countries". *Journal of Economics and Behavioral Studies*, 9(3): 101-112

UKEssays (2018). "The benefits of trade openness to developing countries". [online]. Available from : https://www.ukessays.com/essays/economics/the-benefits-of-trade-openness-to-developing-countries-economics-essay.php?vref=1 [Accessed 8 May 2019].

Ullah, Z. W. (2018). "The Impact of Trade Openness, Investment and Human Capital on Economic Growth of Pakistan". *International Journal of Innovation and Research in Educational Sciences* Volume 5, Issue 1

Zakaria, M., Naqvi, H. A., Fida, B. A., Hussain, S. J. (2014). "Trade liberalization and foreign direct investment in Pakistan". *Journal of Economic Research,* 19(3), 225-247.

Chapitre 3
Capital humain, ouverture et croissance économique
Cas de l'économie algérienne

Leila DJABALI [*]
Kamal OUKACI [**]

Introduction

La théorie de la croissance économique a connu plusieurs progrès à travers le temps et plusieurs économistes se sont efforcés afin d'expliquer l'origine de l'augmentation de la productivité. Dans le contexte actuel de la mondialisation et de la libéralisation, la quasi-totalité des études empiriques s'intéressent à identifier des facteurs de croissance autres que le travail et le capital. Ces travaux visent à montrer le rôle du capital humain et de l'ouverture économique dans la détermination de la croissance. Par ailleurs, d'autres études montrent l'existence d'une complémentarité entre ces deux facteurs dans le processus de la croissance économique.

L'interaction entre le capital humain et l'ouverture économique dans le processus de la croissance économique a fait l'objet d'études de plusieurs auteurs (Romer, 1990; Grossman et Helpman, 1991; Benhabib et Spiegel, 1994; Pissarides, 1995; Coe et Helpman, 1995; Levin et Raut, 1997…). Ils ont montré que l'ouverture économique permet une réallocation du capital humain vers les activités les plus productives. Elle permet également aux économies d'avoir

---

[*] Faculté des Sciences Economiques, Commerciales et des Sciences de Gestion. Université de Bejaia: leiladjabali@yahoo.fr
[**] Faculté des Sciences Economiques, Commerciales et des Sciences de Gestion. Université de Bejaia: oukaci.kamal@gmail.com

accès aux nouvelles technologies produites à l'étranger, ce qui permet à ces dernières une plus forte croissance. On peut aussi ajouter à ces deux effets l'impact en termes de concurrence exercée par l'ouverture économique. Ainsi, les pays seront obligés d'effectuer les changements structurels nécessaires au maintien de la compétitivité, ce qui permet non seulement de rester compétitif, mais aussi d'enregistrer des gains de croissance[1].

Ce chapitre s'intéresse à la possible complémentarité entre l'ouverture économique et le capital humain dans le processus de la croissance économique en Algérie, durant la période allant de 1982 à 2013. Ainsi, ce travail est structuré autour de quatre sections. Dans la première, nous présenterons un cadre théorique de la complémentarité entre l'ouverture économique et le capital humain, la deuxième et la troisième section s'intéressent à l'ouverture économique et au système éducatif en Algérie et la dernière section sera consacrée à l'estimation économétrique de l'impact de l'interaction entre l'ouverture économique et le capital humain sur la productivité totale des facteurs (PTF) en appliquant un modèle VECM.

1. Complémentarité entre le capital humain et l'ouverture économique : une revue de littérature

Les notions de capital humain et de l'ouverture économique jouent aujourd'hui un rôle essentiel dans la croissance économique. Une multitude de modèles théoriques et empiriques ont été développés autour de cette complémentarité. Ils s'appuient sur les enseignements de la théorie de la croissance endogène et les nouvelles théories du commerce international pour mettre en avant le rôle que joue l'ouverture dans l'accumulation du capital humain et l'impact de ce dernier dans le processus de croissance.

Nombreux sont les auteurs qui étudient la complémentarité entre le capital humain et l'ouverture économique dans le processus de la croissance. Romer (1990) considère que le taux

[1] OCDE, « l'interaction ouverture économique - capital humain dans le processus de croissance ».

de croissance est déterminé par le stock de capital humain présent dans l'économie. Ainsi l'ouverture par intégration territoriale va permettre l'augmentation de ce facteur et même la quantité de connaissance disponible, entrainant automatiquement une accélération de la croissance. Dans ce cadre d'analyse, les pays ont toujours intérêt à s'ouvrir notamment les pays en voie de développement puisque l'ouverture facilite le processus de convergence vers le niveau de développement des pays développés.

D'autres auteurs (Grossman et Helpman, 1991; Levin et Raut, 1997...) montrent que « l'ouverture économique entraîne un accroissement de la concurrence »[1], ce qui oblige les pays à effectuer les changements structurels nécessaires au maintien de la compétitivité ce qui nécessite alors un certain niveau de capital humain capable de faire face aux changements technologiques. Cependant l'ouverture peut entrainer la fermeture des entreprises qui ont été le moteur de la croissance (Krugman 1987). Dans ce cadre, une politique commerciale protectionniste temporaire permettrait aux pays d'accumuler le savoir-faire nécessaire à leur compétitivité.

Outre l'impact de l'ouverture sur l'accumulation du facteur capital humain, d'autres travaux empiriques (Coe et Helpman 1995; Grossman et Helpman, 1991...) s'attachent à son rôle dans la transmission internationale de la technologie des pays avancés vers les pays en voie de développement. Ainsi, puisque l'effort de ces derniers en matière de R&D reste faible, ce n'est qu'à travers l'importation de biens d'équipement ainsi que l'IDE que les pays les moins avancés peuvent profiter de la technologie mondiale[2]. Coe et Helpman ont été parmi les premiers à démontrer l'importance du commerce dans la diffusion internationale de la technologie. Ils montrent sur un échantillon de 22 pays développés que le niveau de la

---

[11] OCDE, rapport 3ème partie, L'interaction ouverture économique - capital humain dans le processus de croissance http://www.oecd.org/fr/dev/2741328.pdf

[2] W. Belazreg, (2007). «ID, externalité internationale de R&D, capacité d'absorption nationale et croissance de la productivité. Cas des accords de libre échange euro méditerranéens. Exemple de la Tunisie, du Maroc et de la Turquie », Travaux de recherche du CEMAFI, 2007.

productivité totale des facteurs (PTF) dépend non seulement de son propre R&D mais aussi de celui de ses partenaires commerciaux, avec un effet plus élevé pour les pays les plus ouverts à l'échange[1].

Certains auteurs soulignent que le transfert de technologie permet l'apprentissage de la main d'œuvre (Coe et Helpman, 1995; Keller, 2001…). En revanche, d'autres travaux (Benhabib et Spiegel, 1994; Pissarides, 1995…) montrent que l'application de ces technologies nécessite la présence d'un niveau suffisant du capital humain susceptible de les prendre en charge.

L'interaction entre le capital humain et l'ouverture économique se trouve aussi dans le modèle de Barthélemy-Dessus-Varoudakis (1997). Ces derniers indiquent que le capital humain n'a pas d'influence directe sur la croissance, mais son rôle dépend du degré d'ouverture de l'économie pour permettre de l'exploiter. En effet, l'ouverture extérieure permet, via l'importation des biens d'équipement ou de produits, le transfert de technologie étrangère permettant d'exercer le capital humain qui conduira à l'augmentation de la productivité.

2. Présentation du système éducatif algérien

Au lendemain de l'indépendance, l'Algérie s'est retrouvée avec un déficit en enseignement (un taux d'analphabétisme supérieur à 85 %[2]). Cette situation a poussé les pouvoirs publics à mettre un plan de réforme scolaire et à placer l'éducation au centre des préoccupations en la considérant comme une priorité nationale. C'est un domaine hautement stratégique qui contribue à la production du capital humain nécessaire à l'augmentation de la productivité et donc à la croissance.

Les progrès indéniablement importants réalisés par l'Algérie ont marqué l'évolution du système éducatif algérien et ont généré une augmentation du taux de scolarisation à tous les

---

[1] S. Gabsi, (2011). « Externalité de la R&D, institutions et croissance : vali/dation empirique pour le cas des pays en voie de développement », Innovation 2011/2 (n°35), p. 207-249.

[2] H. Abdelhamid, (2006). « Identité et système éducatif : D'un fait laïc à une orientation religieuse », Revue Sciences humaines n°25, Juin 2006, p. 97 – 105.

niveaux (Taux brut de scolarisation dépassant 119 % au primaire, 118 % au moyen et dépassant 90 % au secondaire)[1] et ont contribué à faire reculer le taux d'analphabétisme qui est passé de 85 % en 1962 à 18 % en 2013.

L'enseignement en Algérie est gratuit à tous les niveaux et obligatoire pour tous les enfants âgés de 6 à 16 ans. Au niveau structurel, le système éducatif algérien est composé de quatre paliers. Le premier palier concerne un enseignement préscolaire, non obligatoire pour les enfants âgés de 5 ans. Un second palier est un enseignement fondamental obligatoire d'une durée de 9 années scolaires, constitué d'un premier cycle primaire (5 années) assuré dans les écoles primaires et se termine par un examen final et d'un second cycle moyen (4 années) dispensé dans les collèges d'enseignement moyen et se termine par un examen conduisant à l'obtention du brevet d'enseignement moyen (BEM). Le troisième palier est l'enseignement secondaire, il est d'une durée de 3 ans et la fin des études est sanctionnée par le baccalauréat, donnant accès au dernier palier qui est l'enseignement supérieur assuré par des établissements d'enseignement supérieur agréés par l'État. La gestion du système éducatif algérien relève du ministère de l'Éducation nationale (pour les paliers primaire, moyen et secondaire) quant à l'enseignement supérieur est placé sous la tutelle du ministère de l'Enseignement supérieur et de la Recherche scientifique.

L'Algérie accorde une part importante de sa richesse nationale au développement d'un secteur d'enseignement producteur d'un capital humain de qualité et qui répond aux besoins économiques à long terme. En effet, en 2013 le financement public de l'éducation représente près du cinquième du budget de l'État soit équivalent de plus de 7 % du PIB algérien[2].

---

[1] Banque Mondiale

[2] UNICEF, (2014), « Algérie rapport national sur les enfants non scolarisés », octobre 2014.

Figure n° 1 : Évolution du taux brut de scolarisation au niveau secondaire entre (1982-2013)

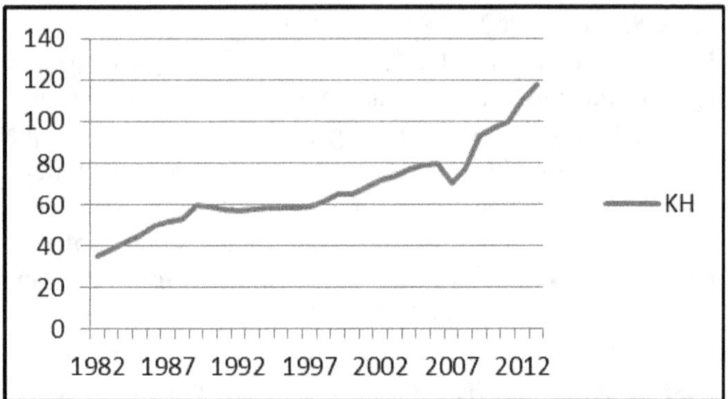

Source : Établie à partir des données de la Banque Mondiale (2013).

L'indicateur utilisé pour la mesure du capital humain est le taux de scolarisation au secondaire (Barro et Lee 2000). Il exprime la capacité d'absorption des connaissances et de certaines technologies étrangères lors du processus de production. Son évolution est représentée dans la Figure 1. Celle-ci. montre que le taux d'inscription au niveau secondaire enregistré pour l'économie algérienne au cours de la période allant de 1982 à 2013 connaît une tendance à la hausse, avec un taux de 35.23 % en 1982 pour atteindre 117.41 % en 2013 soit une augmentation de plus de 200 %.

3. L'ouverture économique en Algérie

L'Algérie, à l'instar des économies en développement et émergentes, a montré sa volonté de s'intégrer à l'économie mondiale. Cela s'est traduit par l'adoption d'une politique d'ouverture à partir des années quatre-vingt-dix, dans le cadre du programme d'ajustement structurel (PAS) sous l'égide du FMI et de la Banque Mondiale.

3.1. L'ouverture commerciale en Algérie et le transfert de technologie

Le graphique (figure n°2) ci-dessous illustre l'évolution du taux d'ouverture (il correspond à la part d'échanges internationaux dans une économie. Il s'obtient en additionnant le montant des exportations et des importations d'un pays, que l'on divise par 2 puis par le PIB de ce pays, le tout multiplié par 100) pour l'économie algérienne entre 1982 et 2013.

Figure n° 2 : Évolution du taux d'ouverture en Algérie (1982-2013)

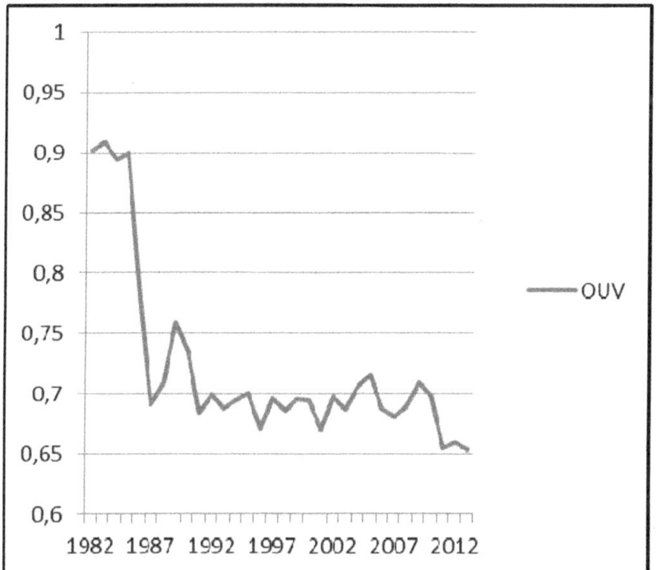

Source : Établi à partir des données de la Banque Mondiale (2013).

Entre 1981 et 1986, période correspondant à celle de la planification, la figure 2 montre que le taux d'ouverture a connu une baisse considérable suite à la chute des prix du pétrole. À partir de 1988, l'économie algérienne entre dans une phase de réformes et de préparation au libéralisme suivi d'une période de transition à l'économie de marché qui s'est traduite par l'amélioration du taux d'ouverture. Cependant, il faut signaler que cette amélioration n'est pas due à la diversification de la production, mais elle est liée à la variation des prix des hydrocarbures.

Partant de l'hypothèse, déjà présentée, selon laquelle l'ouverture permet d'accéder à la technologie et aux savoirs étrangers par le biais des biens importés (Coe et Helpman, 1995; Grossman et Helpman, 1991…), nous avons construit une variable selon la méthode de Coe et Helpman (1995) pour capter l'effet des *spillovers* des technologies pour le cas de l'Algérie.

$$\mathbf{RD}_{it} = \sum_{d=1}^{8} m_{td} * \left(\frac{R\&D}{PIB}\right)_{td}$$

$\mathbf{RD}_{it}$: représente l'externalité internationale de R&D des pays riches[1] vers les pays en voie de développement (Algérie).

$\mathbf{m}_{td}$: représente les importations de l'Algérie auprès d'un pays industriel (d) pendant l'année (t).

$\left(\frac{R\&D}{PIB}\right)_{td}$: est le ratio du stock de R&D de chaque pays industriel sur son PIB pendant l'année (t).

L'évolution de cet indicateur est donnée par la figure 3 ci-dessous. Nous constatons une tendance à la hausse de cette variable à partir de 1998 qui signifie une hausse des transferts de technologie et des connaissances par le biais des importations auprès des pays développés.

[1] Nous prenons ici les huit premiers partenaires commerciaux de l'Algérie: France, Italie, Espagne, Allemagne, États-Unis, Pays-Bas, Japon, Canada.

Figure n° 3 : Évolution de l'externalité internationale de R&D en Algérie (1982-2013)

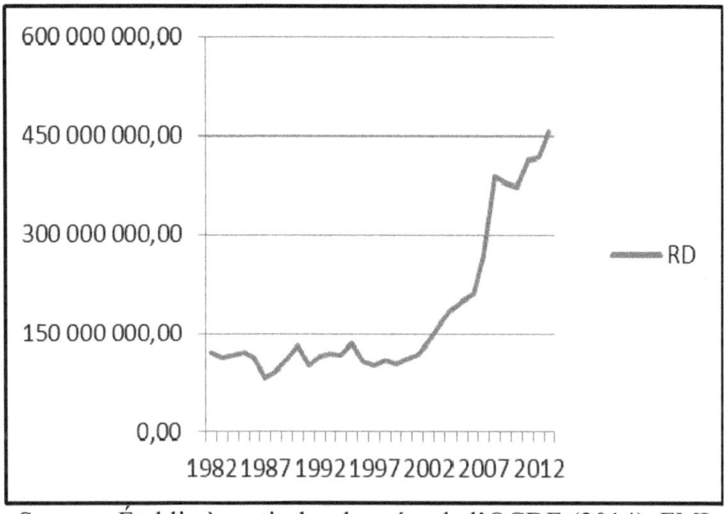

Source : Établie à partir des données de l'OCDE (2014), FMI (2013).

3.2. Les IDE en Algérie et le transfert de technologie

Plusieurs auteurs (Blomstrom et Persson, 1983; Blomstrom et Wolff, 1989 ; Christina Jude, 2012…) montrent que les IDE sont également un vecteur de transfert de technologie (le cas des nouveaux pays industrialisés).

L'évolution d'IDE en Algérie entre 1982 et 2013 (voir figure n° 4) est caractérisée par deux grandes périodes :

- au cours de la période (1982-1995), le taux de croissance des IDE est négatif et ce malgré la mise en place des réformes à la fin des années 1980

- et ce n'est qu'à partir de 1996 que l'Algérie commence à enregistrer un retour d'IDE avec une tendance à la hausse.

Figure n° 4 : Évolution des flux d'IDE : entrées nettes en Algérie entre 1982 et 2013 ($US)

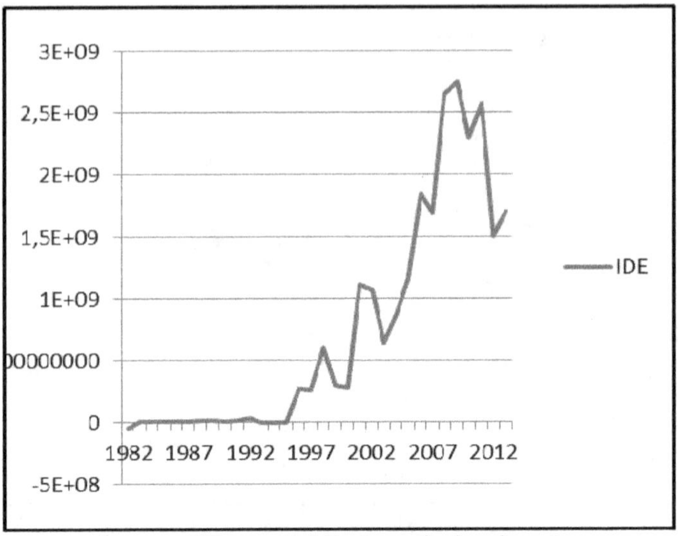

Source : Figure établie à partir des données de la Banque Mondiale (2013).

4. Analyse économétrique

Compte tenu de ce que nous avons présenté théoriquement à propos de la complémentarité entre le capital humain et l'ouverture économique dans le processus de la croissance, nous allons tenter de vérifier empiriquement cette relation pour le cas de l'économie algérienne durant la période allant de 1982 à 2013.

4.1. Définitions des variables utilisées

Les variables retenues sont la productivité totale des facteurs, le capital humain, l'ouverture économique

4.1.1. La productivité totale des facteurs (PTF),

La productivité totale des facteurs (PTF) mesure la part de la croissance de l'output non imputable à la croissance du volume des facteurs de production (le capital et le travail). La PTF peut être calculée à partir d'une fonction de production de type Cobb-Douglas :

$$PTF=Y/K^{\beta}L^{1-\beta}$$

Où

Y, K et L représentent respectivement la production, le capital et le travail.

Quant à β, il exprime la part[1] du capital dans la rémunération des facteurs de production.

Ainsi, le stock de capital physique est approximé par la formation brute du capital fixe (FBCF) et pour le facteur travail, nous choisissons le niveau de la population active qui exprime la force du travail.

Les données de notre échantillon proviennent de la base de données de la Banque Mondiale.

4.1.2. Le capital humain

Le capital humain est considéré dans la littérature comme un facteur d'assimilation de la technologie étrangère. En raison de la difficulté d'obtenir un indicateur de capital humain pertinent, dans notre étude, nous utilisons le taux brut de scolarisation au secondaire (Barro et Lee 2000). Les données sont extraites de la base de données de la Banque Mondiale.

4.1.3. L'ouverture économique

Pour capter l'effet de l'ouverture sur la croissance de l'économie algérienne, nous avons intégré dans notre équation trois variables qui peuvent représenter les dimensions de l'ouverture. Il s'agit du taux d'ouverture commerciale, les IDE et les externalités internationales de R&D.

- Le taux d'ouverture commerciale : cet indicateur indique la part du commerce par rapport au PIB. Les

[1] β=0.4 par référence au travail de Coe, Helpman et Hoffmaister (1995).

données relatives aux exportations et aux importations proviennent de la base de données de la Banque Mondiale.

- Les IDE : l'introduction de cette variable dans notre modèle est conforme à plusieurs études empiriques (Borensztein, de Gregorio et Lee, 1995; Blomstrom et Koko, 1998...) qui ont démontré son effet positif sur la croissance. Les données relatives aux flux nets d'IDE sont extraites de la base de la Banque Mondiale.

- Les externalités internationales de la recherche et développement (R&D) : construite selon la méthode de Coe et Helpman (1995), cette variable mesure la diffusion technologique provenant des pays avancés (les huit premiers partenaires commerciaux de l'Algérie) vers les pays en voie de développement (Algérie). Les dépenses de R&D des partenaires commerciaux de l'Algérie ont été obtenues à partir « *OCDE's Main Science and Technology Indicators* » et les données du PIB proviennent de la base de la Banque Mondiale. Quant aux importations bilatérales de l'Algérie auprès des pays développés **(m_{td})** sont extraites de « IMF's Direction of0 Trade ».

4.1.5. Les termes d'interaction

Pour tenir compte des interactions qui peuvent exister entre les trois variables représentant l'ouverture économique (le taux d'ouverture, IDE et RD) et le capital humain, nous avons introduit dans notre équation trois termes croisés (KH*OUV, KH*IDE et KH*RD).

4.2. Estimation du modèle

Après l'identification des différentes variables, nous retenons le modèle global suivant :

$$\mathbf{PTF_t = a_0 + a_1 OUV_t + a_2 KH_t + a_3 IDE_t + a_4 RD_t + \mu_t}$$

Où :

a_0, est la constante,

PTF_t, est productivité totale des facteurs,

OUV_t, est le taux d'ouverture,

KH_t, est le capital humain,

IDE_t, désigne les investissements directs étrangers
RD_t, est l'externalité de la recherche et développement
μ_t est le terme d'erreurs.
a_0, a_1, a_2, a_3, a_4 désignent les coefficients du modèle.

Avant de passer à l'estimation du modèle, il convient d'abord d'étudier la stationnarité des séries et déterminer leurs ordres d'intégration afin d'éviter les problèmes dus aux régressions fallacieuses lorsque les séries utilisées sont des séries temporelles non stationnaires.

À cet égard, le test de Dickey et Fuller augmenté (ADF) est utilisé en vue de déterminer la nature de la non-stationnarité des séries. L'application des tests (ADF) montre que toutes les variables étudiées sont non stationnaires au niveau, mais, en différence première[1]. Ainsi les séries PTF, OUV, KH, IDE et RD sont intégrées du même ordre qui est d'ordre I (1).

4.2.1. Détermination du nombre de retards

Avant d'entamer l'estimation du modèle, il est nécessaire de déterminer le nombre de retard (p) dans l'écriture du modèle VAR.

Tableau 1 : Résultats de sélection du nombre de retards (P)

Lag	LogL	LR	FPE	AIC	SC	HQ
0	-1309.205	NA	4.03e+34	93.87178	94.10967	93.94451
1	-1196.359	177.3298	7.86e+31	87.59705	89.02441	88.03341
2	-1162.879	40.65398	5.18e+31	86.99135	89.60818	87.79134
3	-1126.472	31.20598	4.01e+31	86.17657	89.98287	87.34019
4	-1048.947	38.76235*	4.00e+30*	82.42480*	87.42057*	83.95206*

Source : Établi à partir du logiciel Eviews 7.

Sur la base des résultats affichés dans le tableau 1 ci-dessus, nous constatons que les critères d'information conduisent à un choix de retard optimal p = 4.

[1] Les résultats des tests de racine unitaire sont présentés dans l'annexe n°01.

4.2.2. Étude de la causalité au sens de Granger

D'après les résultats du test de causalité au sens de Granger[1], toutes les hypothèses nulles sont acceptées à l'exception de la causalité du KH vers la productivité totale des facteurs (PTF). Il en est de même pour celle de la (KHOUV) vers la (PTF), mais au seuil de 10 %.

En effet, nous rejetons au seuil de 10 %, l'hypothèse H_0 selon laquelle le capital humain ne cause pas au sens de Granger la productivité totale des facteurs, car la probabilité est inférieure à 0.1 (0.0877 < 0.1), alors que, nous acceptons l'hypothèse alternative H_1 selon laquelle le (KH) cause au sens de Granger la (PTF).

Pour le terme interactif (KHOUV), l'hypothèse selon laquelle la (KHOUV) cause la PTF au sens de Granger, est acceptée au seuil de 10 %.

Une autre causalité importante à souligner est celle de la (RD) vers le (KH). En effet, l'externalité de la recherche et développement cause au sens de Granger le capital humain au seuil de 5 %, car la probabilité est inférieure à 0.05 (0.0386 < 0.05).

4.2.3. Test de cointégration de Johansen

Dans notre étude, toutes les variables sont intégrées du même ordre, il y a donc un risque d'une relation de cointégration. À cet effet, nous essayons de vérifier cette relation à l'aide du test de Johansen. Le test de la trace indique l'existence de trois relations de cointégration au seuil de 5 % et aussi au seuil de 1 %, ce qui est très proche de la certitude (voir tableau n°2)

.

[1] Voir annexe n° 02

Tableau n° 2 : Résultat de l'étude de cointégration par la méthode de la trace

Hypothesized No. of CE(s)	Eigenvalue	Trace Statistic	5 Percent Critical Value	1 Percent Critical Value
None **	0.967631	202.7595	68.52	76.07
At most 1 **	0.902139	106.7044	47.21	54.46
At most 2 **	0.648282	41.62652	29.68	35.65
At most 3	0.356536	12.36863	15.41	20.04
At most 4	0.000847	0.023727	3.76	6.65

Source : Établi à partir du logiciel Eviews 7.

4.2.4. Estimation de la relation de long terme

Dans L'estimation de la relation de long terme présentée dans le tableau 3, nous constatons que le coefficient de la force de rappel vers l'équilibre pour la PTF est négatif dans les deux équations[1], ce qui valide la spécification vectorielle en correction d'erreurs (VECM). Il est interprété comme la vitesse d'ajustement de la PTF à son niveau d'équilibre de long terme.

Les résultats de l'estimation de l'équation (Eq.1) montrent que le coefficient associé à la variable KH, mesurée par le taux de scolarisation au niveau secondaire, est positif (statistiquement significatif au seuil de 5 %). Ce qui signifie que cette variable a une influence positive sur la productivité totale des facteurs à long terme. Ce résultat rejoint celui établi par la littérature empirique et théorique (Mankiw, Romer et Weil, 1992...)

. Concernant l'ouverture économique, nous rappelons que nous avons intégré trois variables pour bien capter les effets de l'ouverture sur la croissance. La variable OUV, qui mesure le degré d'ouverture, semble agir positivement et d'une manière significative sur la PTF. Son effet positif peut être expliqué par les diverses réformes mises en place en Algérie afin de s'intégrer à l'économie mondiale.

[1] L'estimation du modèle VECM est présentée dans l'annexes n°03.

Tableau n° 3 : Estimation de la relation de long terme

	Eq.1	Eq.2
PTF	1.000	1.000
KH	-3.315386 (-8.14832)	
RD	-7.07E-08 (-1.15140)	
IDE	5.98E-08 (6.52647)	
OUV	-651.4836 (-10.8531)	-371.6189 (-57.2003)
KHOUV		-5.295115 (-47.1616)
KHIDE		8.94E-10 (36.6990)
KHRD		-1.31E-09 (-8.72671)

Source : Établi à partir du logiciel Eviews 7. Les chiffres entre parenthèses sont les *t* de Student

Concernant l'IDE, ce dernier n'a pas d'effet positif sur la PTF. Ceci peut être interprété par la faiblesse des flux d'IDE en Algérie et aussi à la nature des activités des firmes multinationales dans les économies en développement, comme l'Algérie, qui cherchent avant tout à minimiser les coûts. Enfin, la variable RD, qui représente l'externalité de la recherche et développement diffusée à travers les biens importés, son effet est certes positif, mais non significatif à long terme.

Pour tenter de vérifier la complémentarité entre l'ouverture économique et le capital humain dans le cas de l'économie algérienne, nous avons introduit des termes interactifs (KH*OUV, KH*IDE, KH*RD).

Les résultats de l'estimation de l'équation (Eq.2) sont présentés dans le tableau n° 3. Comme nous le constatons, le coefficient du terme interactif, englobant le capital humain (KH) et l'ouverture (OUV), est significativement positif, indiquant que la combinaison (capital humain/ouverture) exerce une influence positive sur la PTF à long terme. La variable RD, prise individuellement dans l'équation (Eq.1), n'a aucun effet significatif sur la PTF, mais l'effet combiné de cette variable et du capital humain est positif et significatif. Ce qui met en évidence le rôle du capital humain dans l'absorption des effets bénéfiques de l'ouverture. Cependant, la combinaison (capital humain/IDE) présente un impact négatif sur la productivité. Ce qui signifie que le capital humain considéré ici n'est pas adapté pour profiter des externalités positives liées à l'IDE.

Une dernière remarque concerne la variable (OUV) qui figure individuellement dans l'équation (Eq.2) où nous constatons qu'elle exerce une influence directe sur la PTF, indépendamment de son influence combinée avec celle du capital humain.

Enfin, nous pouvons dire que ces résultats confirment l'hypothèse selon laquelle l'interaction entre l'ouverture commerciale et le capital humain en Algérie exerce un impact positif sur la productivité totale des facteurs à long terme.

4.2.5. Estimation de la relation de court terme

En examinant les résultats de la relation de court terme (voir annexe n°3), nous constatons que les coefficients des différentes variables qui exercent des effets de court terme sur la productivité totale des facteurs sont en général moins robustes que les coefficients de long terme. Dans le court terme, seuls les termes interactifs, (KHOUV) retardé de deux et trois périodes, (KHIDE) retardé de deux périodes et (KHRD) retardé de trois périodes, ont des coefficients significatifs de (3.628272), (3.428408), (2.66E-10) et (-6.05E-09) respectivement. Les autres variables ont toutes des effets insignifiants sur la PTF.

4.2.6. Décomposition de la variance

La décomposition de la variance (annexe n°4) indique que la variance de l'erreur de prévision de la PTF, dans le premier modèle, est due à 50.37 % à celle du capital humain (KH), à 31.21 % à celle de ses propres innovations, à 9.37 % à celle de l'externalité de la recherche et développement (RD), à 6.94 % à celle de l'investissement direct étranger (IDE) et à 2.09 % à celle de l'ouverture (OUV).

Les résultats montrent également que le degré d'ouverture, l'externalité de la recherche et développement et l'IDE, c'est-à-dire les variables mesurant l'ouverture économique, influencent le capital humain.

En effet, les innovations de la variable capital humain (KH) proviennent essentiellement de l'ouverture (44.52 %), de ses propres innovations (21.65 %), de l'externalité de la recherche et développement (22.03 %) et une contribution faible des variables PTF et IDE (6.37 % et 5.43 % respectivement).

Dans le deuxième modèle, nous constatons que les termes interactifs (KHOUV, KHRD, KHIDE) influencent la PTF. En effet, la variance de l'erreur de prévision de la PTF est due à plus de 75 % aux innovations des termes interactifs.

Enfin, nous pouvons dire qu'un choc sur les variables représentants l'ouverture a plus d'impact sur le capital humain (et qui à son tour a une influence sur la PTF) qu'un choc sur le KH sur les variables représentants l'ouverture.

En résumé, nos résultats confirment alors l'hypothèse selon laquelle l'ouverture permet à l'Algérie d'accéder à la technologie produite à l'étranger, favorisant le développement du capital humain susceptible de contribuer à l'amélioration de la productivité et de la croissance économique en général.

Conclusion

Dans le cadre de ce travail, nous avons essayé d'établir une relation entre le capital humain, l'ouverture et la croissance de la productivité dans le cas de l'économie algérienne, durant les termes interactifs englobant l'ouverture et le capital humain exercent un impact positif et significatif sur la productivité des facteurs à long terme.

Nous pouvons donc dire que l'ouverture économique de l'Algérie constitue un canal important de transferts technologiques entrants qui auront des répercussions positives sur le capital humain. Ce dernier permettra d'accroître le potentiel d'innovation ou d'imitation, d'où l'importance d'une coordination des politiques éducatives et économiques.

Références

Abdelhamid, H., « Identité et système éducatif : D'un fait laïc à une orientation religieuse », *Revue Sciences humaines*, n°25, juin 2006, p. 97 – 105.

Barro, R. J., Lee, J. W., « International Data on Educational Attainment: Updates and Implications », Center for International Development at Harvard University, *Working paper*, 2000, N°42.

Belazreg, W., « IDE, externalité internationale de R&D, capacité d'absorption nationale et croissance de la productivité. Cas des accords de libre échange euro-méditerranéens. Exemple de la Tunisie, du Maroc et de la Turquie », *Travaux de recherche du CEMAFI*, 2007/02.

Benhabib, J., Spiegel, M., « The Role of Human Capital in Economic Development: Evidence from Aggregate Cross-Country Data », *Journal of MonÉtary Economics*, 1994, Vol. 34, Issue 2, 143-173.

Berthélemy, J. C., Dessus, S., Varoudakis, A., « Capital humain et croissance : le rôle du régime commercial », *In Revue économique*, 1997, Vol. 48, N°3, 419-428.

Blomstrom, M., Koko, A., « Multinational corporations and spillovers », *Journal of Economic Survey*, 1998, Vol. 12, N°3, 2470-277.

Blomstrom, M., Persson, H., « Foreign Investment and Spillover Efficiency in an Underdeveloped Economy: Evidence From the Mexican Manufacturing Industry », *World Development*, 1983, 493-501.

Blomstrom, M., Wolff-Edward, N., « Multinational corporations and Productivity Convergence in Mexico », *Economic Research Reports*, 1989.

Borensztein, E., DE Gregorio, J., Lee, J. W., « How Does Foreign Direct Investment Affect Economic Growth? », National Bureau of Economic Research, *Working paper*, 1995, N°5057.

Coe, D. T., Helpman, E., « International R&D Spillovers », *European Economic Reviews*, 1995, Vol. 39, Issue 5, 859 – 887.

Coe, D. T., Helpman, E., Hoffmaister, A. W., « North- South Research and Development Spillovers », National Bureau of Economic Research, *Working paper*, 1995, N°5048.

Gabsi, S., « Externalité de la R&D, institutions et croissance : validation empirique pour le cas des pays en voie de développement », *Innovation,* 2011/2, N°35, 207-249.

Grossman, G., Helpman, E., « Trade, Knowledge, Spillovers and Growth », *NBER Working Paper*, 1991, N° 3485.

Jude Ch. (2012), *Investissement direct étranger, transfert de technologie et croissance économique en Europe Centrale et Orientale.* Thèse de doctorat Université d'Orléans; Universitatea Babes- Bolyai (Cluj-Napoca, Roumanie). Facultatea de Stiinte Economice si Gestiunea Afacerilor,

Keller, W., « International Technology Diffusion », *NBER Working Paper*, 2001, N° 8573.

Krugman, P. R., « A model of Innovation, Technology Transfer, and the world Distribution of Income », *In The Journal of Political Economy*. 1987, 253 – 266.

Levin, A., Raut, L. K., « Complementarities between Exports and Human Capital in Economic Growth: Evidence from the Semi Industrialized Countries », *Economic Development and Cultural Change*, 1997, 155 – 174.

Mankiw, N. G., Romer, D., Weil, D. N., « A contribution to the empirics of economic growth », *In Quarterly Journal of Economics*, vol. 107, 1997, 407 – 437.

Pissarides, C., « Trade Liberalization and the Returns to Human Capital in Developing Countries », London School of Economics, *In World Bank Economic Review*. 1995

Romer, P. M., « Endogenous technological change », *In The Journal of Political Economy*, Vol. 98, 1990, N°5

Smith A. (1991), *Recherches sur la Nature et les Causes de la Richesse des Nations* (1776), Tomes I et II, Paris, Flammarion, coll. "GF" n° 598 et 626.

Uzawa H. (1965), "Optimum Technical Change in an Aggregative Model of Economic Growth", *International Economic Review*, 6 (1), january, 18-31.

Annexe n° 1 : Résultats du test de racine unitaire sur les séries

Séries	Type de modèle		ADF_{cal}	Valeurs critiques 1%	5%	10 %	Résultat
PTF	Modèle (3)	Test en niveau	-1.6084	-4.2949	-3.5670	-3.2169	Non stationnaire et d'ordre I(1)
		Différence 1ère	-3.6069	-4.3082	-3.5731	-3.2203	
	Modèle (2)	Test en niveau	-1.5013	-3.6661	-2.9627	-2.6200	
		Différence 1ère	-3.2914	-3.6752	-2.9665	-2.6220	
	Modèle (1)	Test en niveau	0.4560	-2.6423	-1.9526	-1.6216	
		Différence 1ère	-3.3105	-2.6453	-1.9530	-1.6218	
OUV	Modèle (3)	Test en niveau	-3.1508	-4.2949	-3.5670	-3.2169	Non stationnaire et d'ordre I(1)
		Différence 1ère	-5.1847	-4.3082	-3.5731	-3.2203	
	Modèle (2)	Test en niveau	-3.1922	-3.6661	-2.9627	-2.6200	
		Différence 1ère	-4.3880	-3.6752	-2.9665	-2.6220	
	Modèle (1)	Test en niveau	-1.4447	-2.6423	-1.9526	-1.6216	
		Différence 1ère	-4.4997	-2.6453	-1.9530	-1.6218	
KH	Modèle (3)	Test en niveau	-0.7049	-4.2949	-3.5670	-3.2169	Non stationnaire et d'ordre I(1)
		Différence 1ère	-4.4719	-4.3082	-3.5731	-3.2203	
	Modèle (2)	Test en niveau	0.9952	-3.6661	-2.9627	-2.6200	
		Différence 1ère	-4.0994	-3.6752	-2.9665	-2.6220	
	Modèle (1)	Test en niveau	2.2517	-2.6423	-1.9526	-1.6216	
		Différence 1ère	-2.8115	-2.6453	-1.9530	-1.6218	
IDE	Modèle (3)	Test en niveau	-2.0912	-4.2949	-3.5670	-3.2169	Non stationnaire et d'ordre I(1)
		Différence 1ère	-3.5618	-4.3082	-3.5731	-3.2203	
	Modèle (2)	Test en niveau	-0.7939	-3.6661	-2.9627	-2.6200	
		Différence 1ère	-3.6790	-3.6752	-2.9665	-2.6220	
	Modèle (1)	Test en niveau	-0.0150	-2.6423	-1.9526	-1.6216	
		Différence 1ère	-3.5715	-2.6453	-1.9530	-1.6218	
RD	Modèle (3)	Test en niveau	-0.7774	-4.2949	-3.5670	-3.2169	Non stationnaire et d'ordre I(1)
		Différence 1ère	-4.6721	-4.3082	-3.5731	-3.2203	
	Modèle (2)	Test en niveau	1.3544	-3.6661	-2.9627	-2.6200	
		Différence 1ère	-3.7516	-3.6752	-2.9665	-2.6220	
	Modèle (1)	Test en niveau	2.3004	-2.6423	-1.9526	-1.6216	
		Différence 1ère	-3.1781	-2.6445	-1.9530	-1.6218	

Annexe n° 2 : Résultat du test de causalité au sens de Granger

Null Hypothesis:	Obs	F-Statistic	Prob.
D(KH) does not Granger Cause D(PTF)	28	2.49674	0.0877
D(PTF) does not Granger Cause D(KH)		1.07065	0.3828
D(IDE) does not Granger Cause D(PTF)	28	1.16160	0.3479
D(PTF) does not Granger Cause D(IDE)		3.08340	0.0495
D(OUV) does not Granger Cause D(PTF)	28	0.40348	0.7520
D(PTF) does not Granger Cause D(OUV)		1.05270	0.3901
D(RD) does not Granger Cause D(PTF)	28	1.90127	0.1604
D(PTF) does not Granger Cause D(RD)		0.48184	0.6984
D(RD) does not Granger Cause D(KH)	28	3.34729	0.0386
D(KH) does not Granger Cause D(RD)		1.51884	0.2388
D(KHOUV) does not Granger Cause D(PTF)	28	2.82870	0.0632
D(PTF) does not Granger Cause D(KHOUV)		2.27392	0.1096

Annexe n° 3 : Estimation du modèle VECM (Eq.1) et (Eq.2)

Vector Error Correction Estimates
Date: 11/02/17 Time: 16:27
Sample (adjusted): 1986 2013
Included observations: 28 after adjustments
Standard errors in ( ) & t-statistics in [ ]

Cointegrating Eq:	CointEq1				
PTF(-1)	1.000000				
KH(-1)	-3.315386				
	(0.40688)				
	[-8.14832]				
RD(-1)	-7.07E-08				
	(6.1E-08)				
	[-1.15140]				
OUV(-1)	-651.4836				
	(60.0275)				
	[-10.8531]				
IDE(-1)	5.98E-08				
	(9.2E-09)				
	[6.52547]				
C	135.2741				
Error Correction:	**D(PTF)**	**D(KH)**	**D(RD)**	**D(OUV)**	**D(IDE)**
CointEq1	-0.375232	0.029373	-223096.7	0.000974	800499.5
	(0.17270)	(0.05832)	(272966.)	(0.00022)	(5224603)
	[-2.17278]	[0.50365]	[-0.81731]	[4.46424]	[0.15322]
D(PTF(-1))	0.175539	0.026064	-631903.0	-0.000291	5050366.
	(0.23569)	(0.07959)	(372538.)	(0.00030)	(7130420)
	[0.74478]	[0.32747]	[-1.69621]	[-0.97821]	[0.70828]
D(PTF(-2))	0.284793	-0.030761	-514609.4	-0.000365	-10426520
	(0.24736)	(0.08353)	(390986.)	(0.00031)	(7483321)
	[1.15131]	[-0.36825]	[-1.31618]	[-1.16894]	[-1.39328]
D(PTF(-3))	0.215271	-0.104017	1315878.	-0.000767	13340979
	(0.25437)	(0.08590)	(402064.)	(0.00032)	(7695553)
	[0.84628]	[-1.21088]	[3.27281]	[-2.38784]	[1.73360]
D(KH(-1))	-0.875672	0.345833	-4716819.	0.002778	-60156771
	(1.27105)	(0.42923)	(2009029)	(0.00161)	(3.8E+07)
	[-0.68894]	[0.80600]	[-2.34781]	[1.72907]	[-1.56442]
D(KH(-2))	2.633492	-0.384727	1366662.	-0.000696	-11992656
	(1.18351)	(0.39967)	(1870565)	(0.00150)	(3.6E+07)
	[2.22515]	[-0.96261]	[0.73067]	[-0.46465]	[-0.33190]
D(KH(-3))	-0.658400	0.101474	7119645.	0.002967	-1149201.
	(1.08421)	(0.36614)	(1713704)	(0.00137)	(3.3E+07)
	[-0.60726]	[0.27715]	[4.15448]	[2.16637]	[-0.03504]
D(RD(-1))	-1.03E-07	9.35E-08	-0.223807	-4.67E-10	-0.619615
	(1.4E-07)	(4.8E-08)	(0.22492)	(1.8E-10)	(4.30494)
	[-0.72589]	[1.94631]	[-0.99504]	[-2.59900]	[-0.14398]
D(RD(-2))	-7.26E-08	2.05E-09	0.687539	2.15E-10	7.878033
	(1.9E-07)	(6.5E-08)	(0.30449)	(2.4E-10)	(5.82795)
	[-0.37694]	[0.03149]	[2.25801]	[0.89254]	[1.35153]
D(RD(-3))	-4.02E-07	5.72E-08	-0.501771	-1.94E-10	2.849279
	(1.7E-07)	(5.7E-08)	(0.26450)	(2.1E-10)	(5.06249)
	[-2.40029]	[1.01154]	[-1.89708]	[-0.91088]	[0.56282]
D(OUV(-1))	105.4436	-22.30995	4.03E+08	0.439176	1.92E+09
	(96.2615)	(32.5074)	(1.5E+08)	(0.12160)	(2.9E+09)
	[1.09539]	[-0.68630]	[2.64814]	[3.61167]	[0.65961]
D(OUV(-2))	-13.72860	-19.32905	-4.21E+08	-0.210828	-1.62E+09
	(124.356)	(41.9961)	(2.0E+08)	(0.15710)	(3.8E+09)
	[-0.11039]	[-0.46024]	[-2.14209]	[-1.33382]	[-0.43002]
D(OUV(-3))	143.2199	-43.62931	3.21E+08	-0.171214	-5.03E+08
	(114.572)	(38.6909)	(1.8E+08)	(0.14473)	(3.5E+09)
	[1.25004]	[-1.12764]	[1.77307]	[-1.18296]	[-0.14499]
D(IDE(-1))	3.62E-08	-5.75E-09	0.027990	-5.42E-11	-0.296971
	(1.8E-08)	(6.1E-09)	(0.02870)	(2.3E-11)	(0.54929)
	[1.99350]	[-0.93900]	[0.97497]	[-2.36522]	[-0.54064]
D(IDE(-2))	2.05E-08	-1.86E-09	0.055649	-3.28E-11	-0.410939
	(1.2E-08)	(4.1E-09)	(0.01910)	(1.5E-11)	(0.36559)
	[1.69630]	[-0.45530]	[2.91348]	[-2.16630]	[-1.12406]
D(IDE(-3))	2.22E-08	-3.12E-09	0.051288	-1.37E-11	-0.107556
	(1.7E-08)	(5.6E-09)	(0.02628)	(2.1E-11)	(0.50303)
	[1.33663]	[-0.55620]	[1.95150]	[-0.64993]	[-0.21382]
C	0.046665	0.569830	-2967678.	-0.009042	1.88E+08
	(4.19489)	(1.41661)	(6630462)	(0.00530)	(1.3E+08)
	[0.01112]	[0.40225]	[-0.44758]	[-1.70628]	[1.48003]
R-squared	0.745327	0.676766	0.839907	0.923780	0.661296
Adj. R-squared	0.377348	0.206507	0.607187	0.821139	0.189932
Sum sq. resids	1507.001	171.8592	3.78E+15	0.002406	1.38E+18
S.E. equation	11.70470	3.952666	18500544	0.014786	3.54E+08
F-statistic	2.022682	1.439440	3.608214	8.961013	1.342287
Log likelihood	-95.52969	-65.13298	-495.1926	91.34498	-577.6327
Akaike AIC	8.037835	5.866634	36.58447	-5.310356	42.48805
Schwarz SC	8.846074	6.675472	37.39331	-4.601518	43.29689
Mean dependent	-1.750741	2.582962	11973089	-0.000797	60410319
S.D. dependent	14.83330	4.437576	29617660	0.033358	3.68E+08

Determinant resid covariance (dof adj.)	1.15E+30
Determinant resid covariance	1.08E+28
Log likelihood	-1102.299
Akaike information criterion	85.16425
Schwarz criterion	88.44631

Vector Error Correction Estimates
Date: 11/15/17 Time: 22:58
Sample (adjusted): 1986 2013
Included observations: 28 after adjustments
Standard errors in ( ) & t-statistics in [ ]

Cointegrating Eq:	CointEq1				
PTF(-1)	1.000000				
KHOUV(-1)	-5.295115				
	(0.11226)				
	[-47.1616]				
KHIDE(-1)	8.94E-10				
	(2.4E-11)				
	[36.6980]				
KHRD(-1)	-1.31E-09				
	(1.5E-10)				
	[-8.72671]				
OUV(-1)	-371.6189				
	(6.49680)				
	[-57.2003]				
C	-41.73972				
Error Correction:	**D(PTF)**	**D(KHOUV)**	**D(KHIDE)**	**D(KHRD)**	**D(OUV)**
CointEq1	-0.121967	0.049040	-2.52E+08	-12754099	0.001431
	(0.17299)	(0.05139)	(5.1E+08)	(2.0E+07)	(0.00021)
	[-0.70499]	[0.95433]	[-0.49677]	[-0.62460]	[6.89195]
D(PTF(-1))	-0.114692	0.036324	1.17E+09	-2240314.	-0.000305
	(0.25189)	(0.07482)	(7.4E+08)	(3.0E+07)	(0.00030)
	[-0.45533]	[0.48546]	[1.59154]	[-0.07536]	[-1.01144]
D(PTF(-2))	-0.031029	0.000606	-8.25E+08	-62800791	-0.000480
	(0.22925)	(0.06810)	(6.7E+08)	(2.7E+07)	(0.00028)
	[-0.13535]	[0.00893]	[-1.23158]	[-2.32109]	[-1.74431]
D(PTF(-3))	0.049795	-0.093692	1.36E+09	72233989	-0.001000
	(0.22121)	(0.06571)	(6.5E+08)	(2.6E+07)	(0.00027)
	[0.22510]	[-1.42581]	[2.10963]	[2.76672]	[-3.76672]
D(KHOUV(-1))	2.032967	0.180886	-8.52E+09	-4.20E+08	0.008822
	(1.85525)	(0.55111)	(5.4E+09)	(2.2E+08)	(0.00223)
	[1.09574]	[0.32822]	[-1.57270]	[-1.95875]	[3.95252]
D(KHOUV(-2))	3.626272	-0.481536	-7.47E+09	-4.50E+08	-0.001027
	(1.69899)	(0.50469)	(5.0E+09)	(2.0E+08)	(0.00204)
	[2.13554]	[-0.95471]	[-1.50418]	[-2.27543]	[-0.50382]
D(KHOUV(-3))	3.428408	-0.052455	-4.39E+09	7.52E+08	0.004629
	(1.48117)	(0.43999)	(4.3E+09)	(1.7E+08)	(0.00178)
	[2.31466]	[-0.11929]	[-1.01482]	[4.29906]	[2.60423]
D(KHIDE(-1))	1.06E-10	-4.76E-11	0.061651	0.001737	-1.14E-12
	(2.1E-10)	(6.2E-11)	(0.60975)	(0.02463)	(2.5E-13)
	[0.51833]	[-0.77089]	[0.10144]	[0.07053]	[-4.53210]
D(KHIDE(-2))	2.66E-10	-3.94E-11	-0.336039	0.051449	-7.28E-13
	(1.5E-10)	(4.6E-11)	(0.45113)	(0.01823)	(1.9E-13)
	[1.72397]	[-0.85917]	[-0.74489]	[2.82281]	[-3.92046]
D(KHIDE(-3))	8.43E-11	-2.61E-12	0.126043	0.035791	-3.91E-13
	(1.9E-10)	(5.8E-11)	(0.56605)	(0.02287)	(2.3E-13)
	[0.43484]	[-0.04530]	[0.22621]	[1.56463]	[-1.68189]
D(KHRD(-1))	-7.72E-10	4.05E-10	-0.591150	0.372767	-7.40E-12
	(1.7E-09)	(5.1E-10)	(5.01736)	(0.20270)	(2.1E-12)
	[-0.44941]	[0.79449]	[-0.11782]	[1.83897]	[-3.61912]
D(KHRD(-2))	-3.52E-09	3.74E-10	13.67361	0.800908	3.83E-12
	(2.7E-09)	(8.2E-10)	(8.03091)	(0.32445)	(3.3E-12)
	[-1.28089]	[0.45743]	[1.70336]	[2.46849]	[1.16220]
D(KHRD(-3))	-6.05E-09	2.68E-10	4.797623	-0.420078	-1.91E-12
	(2.6E-09)	(7.7E-10)	(7.61063)	(0.30747)	(3.1E-12)
	[-2.32118]	[0.34593]	[0.63038]	[-1.38249]	[-0.61051]
D(OUV(-1))	25.50650	1.027816	4.58E+11	3.64E+10	0.098032
	(118.879)	(35.3135)	(3.5E+11)	(1.4E+10)	(0.14206)
	[0.21456]	[0.02911]	[1.34632]	[2.59225]	[0.69420]
D(OUV(-2))	-90.73354	-7.480003	8.51E+10	-6.62E+09	-0.001186
	(127.292)	(37.8126)	(3.7E+11)	(1.5E+10)	(0.15275)
	[-0.71280]	[-0.19799]	[0.22877]	[-0.44091]	[-0.00766]
D(OUV(-3))	-2.594472	-37.66723	8.70E+10	-2.38E+10	-0.429006
	(97.0834)	(28.8300)	(2.8E+11)	(1.1E+10)	(0.11646)
	[-0.02673]	[-1.30653]	[0.30676]	[-2.08138]	[-3.68359]
C	-3.614443	0.537041	1.71E+10	39259799	-0.003763
	(3.45770)	(1.02118)	(1.0E+10)	(4.1E+08)	(0.00413)
	[-1.06141]	[0.52590]	[1.70363]	[0.09675]	[-0.91210]
R-squared	0.811577	0.770421	0.684924	0.926555	0.950248
Adj. R-squared	0.537507	0.435487	0.226633	0.819725	0.862790
Sum sq. resids	1119.368	98.77376	9.50E+21	1.55E+19	0.001612
S.E. equation	10.08765	2.996570	2.95E+10	1.19E+09	0.012105
F-statistic	2.961207	2.307107	1.494516	8.673247	13.70969
Log likelihood	-91.35669	-57.37906	-701.6354	-611.7859	96.94529
Akaike AIC	7.740478	5.312790	51.33110	44.91325	-5.710378
Schwarz SC	8.549318	6.121629	52.13964	45.72212	-4.901540
Mean dependent	-1.750741	1.291663	7.09E+09	1.72E+09	-0.000797
S.D. dependent	14.83330	3.991634	3.35E+10	2.50E+09	0.036058

Determinant resid covariance (dof adj.)	5.37E+36
Determinant resid covariance	5.03E+33
Log likelihood	-1265.066
Akaike information criterion	98.21929
Schwarz criterion	102.5004

Annexe n° 4 : La décomposition de la variance de l'erreur de prévision

Variance Decomposition of **PTF**: Period	S.E.	PTF	OUV	KH	RD	IDE
1	11.70470	100.0000	0.000000	0.000000	0.000000	0.000000
2	16.49153	81.42125	9.061863	2.498671	3.152033	3.866180
3	26.93919	56.63914	7.060537	33.46158	1.237002	1.601745
4	35.33702	54.80646	5.103214	37.97623	1.151003	0.963088
5	42.04860	51.15440	3.643315	41.60347	2.387183	1.211626
6	47.32590	43.41987	2.922844	48.55299	3.331855	1.772442
7	51.72511	38.53481	2.452617	51.28764	4.938510	2.786429
8	53.73159	35.90814	2.273067	50.94493	6.687540	4.186326
9	56.05583	33.05441	2.110402	50.61353	8.410352	5.811298
10	57.71781	**31.21546**	2.093770	**50.37256**	**9.374465**	**6.943753**

Variance Decomposition of **KH**: Period	S.E.	PTF	OUV	KH	RD	IDE
1	3.952666	0.493660	4.882011	94.62433	0.000000	0.000000
2	6.085455	2.812102	10.22705	84.18554	0.376676	2.398631
3	6.840955	3.101625	17.89853	76.10916	0.438697	2.451982
4	7.917203	8.203014	19.91668	67.44919	2.542554	1.888569
5	9.163803	9.270821	23.65156	59.51075	5.754292	1.812572
6	10.23884	11.04651	30.47297	49.42124	7.552565	1.506714
7	11.66633	11.41916	38.07638	38.93954	10.19470	1.370214
8	13.48484	10.24950	42.08935	30.42683	14.74228	2.492038
9	15.57917	8.152813	43.04566	25.00558	19.37109	4.424845
10	17.65019	6.366862	**44.51679**	**21.65584**	**22.03138**	5.429132

Variance Decomposition of **PTF**: Period	S.E.	PTF	KHOUV	KHRD	KHIDE	OUV
1	10.08765	100.0000	0.000000	0.000000	0.000000	0.000000
2	15.44016	74.42439	25.53620	0.013692	0.023530	0.002189
3	27.16812	47.50430	48.61264	1.168239	2.712883	0.001944
4	37.18925	48.01047	45.34996	4.585540	2.050974	0.003049
5	44.76326	43.68781	45.67194	9.181091	1.447032	0.012123
6	50.20774	40.25870	46.59253	11.86612	1.265627	0.017010
7	53.98873	36.43951	46.39106	15.30949	1.842649	0.017293
8	58.22561	32.57722	45.82019	18.72598	2.857984	0.018622
9	63.29715	28.58208	42.96179	21.95803	6.479016	0.019085
10	68.34524	24.52132	**40.71625**	**24.50230**	**10.23871**	0.021416

Chapitre 4
Ressources humaines et capital humain dans la RSE bancaire : Le cas particulier du Maroc

Rayene DJELLAB[1]
Nicolas HUCHET[2]

Introduction

La Responsabilité Sociétale des Entreprises (RSE) favorise l'émergence de marchés nouveaux, l'établissement de relations de confiance avec les salariés, les consommateurs ou la société civile, et la mise en place de nouvelles dynamiques de croissance inclusive avec des modèles d'entreprises durables (Doligez 2017). Elle caractérise les pratiques mises en œuvre par les firmes qui ont un impact durablement positif sur la société et l'environnement.

Dans le domaine académique, l'étude des impacts économiques de la RSE renvoie en particulier à deux éléments. Le premier découle du postulat de « rationalité intéressée des acteurs » et donc des entreprises : l'exigence de rentabilité laisse peu de place aux objectifs extra-financiers et conduit les économistes à concentrer leurs études sur les mécanismes qui créent de la valeur économique et, par prolongement, sur les canaux par lesquels les parties prenantes récompensent économiquement les entreprises responsables. Le second élément tient au fait que les approches normatives en sciences économiques permettent de mesurer les externalités liées aux

[1] Université de Toulon, chercheur au LEAD
[2] Université de Toulon, chercheur au LEAD

démarches RSE mises en place, et donc d'identifier des bonnes pratiques et des incitations pour les promouvoir. Ces résultats s'appliquent aux banques pour deux raisons importantes et étroitement corrélées.

D'abord, la gestion des ressources humaines est cruciale au sein de l'industrie bancaire où la masse salariale est d'autant plus importante que les personnels sont hautement qualifiés, et où de nouvelles formes de concurrence questionnent le modèle d'affaires à déployer. Ensuite, ces intermédiaires peuvent capitaliser sur les développements de l'Investissement Socialement Responsable (ISR) par leurs filiales de gestion d'actifs, en informant et en sensibilisant quant aux projets vertueux du point de vue notamment de la soutenabilité environnementale. La corrélation entre ces deux axes se situe au niveau du conseiller bancaire, interlocuteur privilégié de porteurs de projets dont l'impact environnemental est plus ou moins fort.

Les banques peuvent donc jouer un rôle important en matière de financement de projets vertueux (responsabilité environnementale), si les personnels sont sensibilisés et incités (responsabilité sociétale). Alors, malgré l'émergence de nouveaux acteurs du financement, la compression des coûts par la masse salariale ne s'apparente pas à une solution pérenne pour préserver la profitabilité bancaire. Au contraire, les investissements en capital humain dans la banque participent d'une responsabilité sociétale permettant de maintenir le conseil et l'expertise bancaires, puis de développer une responsabilité environnementale porteuse de croissance durable.

Simultanément, au Maroc, le secteur informel et l'insuffisante inclusion financière posent la question du rôle des néo-banques ou des banques mobiles. En cas de rationnement du crédit, le financement participatif fait également l'objet d'interrogations, soit la question du rôle des Fintechs parallèlement à celui de l'industrie bancaire. Ces entreprises innovantes basées sur l'accessibilité des services et les technologies du numérique retiennent des modèles d'affaires sensiblement différents des acteurs bancaires. Une complémentarité peut apparaître entre banques et non-banques si les premières placent le conseil, et donc le capital humain et la RSE, au premier rang de leur stratégie.

L'objet de cet article est de mettre en avant les spécificités de la RSE dans le secteur bancaire, et donc le périmètre de cette Responsabilité. Après une revue de littérature axée sur le lien entre RSE et performance économique, nous montrons que les choix effectués en matière de Gestion des ressources humaines et donc de capital humain sont cruciaux face à la gestion du risque opérationnel par les banques. Dans une troisième partie, la prise en compte des spécificités du système de financement marocain pose la double question de la préservation des banques et du rôle des non-banques. Ces considérations permettent de dresser des recommandations visant à augmenter la probabilité d'une concurrence fructueuse et non destructrice entre banques et non-banques.

1. RSE et productivité des ressources

Des bénéfices financiers peuvent être retirés par les entreprises responsables consécutivement aux démarches RSE sur les ressources humaines qu'elles emploient ou souhaitent attirer. À rémunération égale, un employé valorise davantage un environnement professionnel en congruence avec ses valeurs morales et son éthique personnelle. Cette vision peut être source de bénéfices financiers puisque les employés peuvent accepter des rémunérations inférieures, travailler de manière plus efficace ou être davantage loyaux à l'égard de l'entreprise, permettant ainsi un accroissement de la productivité du travail. Dès les années 1990, on montre que la RSE peut diminuer le turnover des ressources humaines (Frank, 1996). La RSE est un argument de recrutement auprès de nouvelles ressources salariales « moralement dévouées », avec une exigence en terme de rémunération plus modeste et en mesure de déployer plus d'efforts que dans une entreprise « conventionnelle » (Brekke et Nyborg, 2008).

Les analyses empiriques portant sur l'impact des politiques RSE sur les ressources humaines et la rentabilité économique sont plus récentes. Elles vont dans le sens d'une corrélation positive entre résultats financiers et démarches RSE, mais la quantification est difficile et assez fragile. Par exemple, grâce à leur méta-analyse appuyée sur des données norvégiennes, Nyborg et Zhang (2011) identifient un tel impact de façon significative. Entre les résultats extrêmes de l'échantillon, c'est-à-dire entre les entreprises aux performances RSE les plus faibles et les plus fortes, l'écart de salaires varie de 20 % à 42 % selon la méthode économétrique utilisée. Pour un même poste et un travail identique, les salariés des entreprises aux performances RSE les plus importantes acceptent une rémunération inférieure comparativement aux employés des entreprises les moins responsables.

France, l'analyse de Lanfranchi et Pekovic (2011), basée sur un échantillon de 7700 entreprises nationales, démontre que le sous-groupe des salariés « moralement concernés » est plus enclin à effectuer des heures supplémentaires qui ne seront pas compensées. Les ressources humaines sont identifiées comme étant « moralement concernées » si elles sont membres d'une association sportive, culturelle ou sociale existant au sein de leur entreprise. Ces résultats transposent au niveau microéconomique le concept d'*ownership*, qui a fait défaut lors des premiers Programmes d'ajustement structurels du Fonds monétaire international : une stratégie sera d'autant plus efficace que les parties prenantes y adhèrent.

À salaire égal, la productivité du salarié d'une entreprise axée sur la RSE peut être supérieure. Mais la quantification des gains et l'arbitrage coût-bénéfice d'une politique RSE pour l'entreprise restent difficiles.

À titre illustratif, l'augmentation de la RSE d'une entreprise est souvent accompagnée d'une réduction de la consommation de certains intrants jugés critiques. C'est le cas de l'énergie, de l'eau ou de certaines matières premières. C'est un canal supplémentaire par lequel la RSE peut être source d'un accroissement de la productivité. Les travaux de Porter et Van Der Linde (1995) sont les premiers à développer cet argument : pour un même niveau de production, un accroissement de la performance environnementale peut réduire les quantités requises de certains facteurs de production, d'où une productivité accrue. Si l'amélioration de l'impact environnemental diminue l'utilisation de certains intrants, elle peut aussi accroître celle d'autres facteurs comme le travail, soit une alchimie de nouveau difficile à quantifier, outre le fait que le réchauffement climatique réduit le potentiel de croissance pour tout le secteur productif.

Dans les analyses empiriques se concentrant sur l'effet des dépenses liées à la RSE sur la productivité, il est difficile d'intégrer les bienfaits attendus de la RSE à moyen et long terme. Or, les conclusions de Porter et Van Der Linde soulignent l'aspect dynamique suivant lequel l'amélioration de la performance environnementale est coûteuse à court terme, mais génératrice d'innovations dans les technologies et de solutions environnementales qui offrent des bénéfices sur des horizons temporels plus longs. Parce qu'elle intègre les parties prenantes dans la vision de l'entreprise, la RSE réduit les risques : le profit des entreprises socialement responsables devrait donc à terme être plus élevé. Mais la mise en place des démarches RSE entraîne des coûts immédiats, certains et récurrents, induits justement par la prise en compte des parties prenantes : le profit des entreprises responsables est a priori initialement plus faible : le profit des entreprises responsables est a priori initialement plus faible, sauf lorsqu'il est question de pratiques de gouvernance centrées sur le bien-être et le climat social : dans ce cas, la performance et la résilience des employés est rapidement améliorée (Cooper et *al.*, 2019), ainsi que l'image de la banque (Masum et *al.*, 2016).

Certaines études empiriques se concentrent sur le poids relatif de ces deux effets. L'impact financier de la RSE est représenté par une courbe « en J », mais l'importance des solutions mises en œuvre, avec notamment la question des innovations, indique que l'approche coûts-bénéfices individuelle souffre du manque de prise en compte de la dynamique globale potentiellement impulsée par la RSE. Cette impulsion pose la question spécifique du rôle du secteur bancaire, déjà perçu comme une courroie de transmission de la croissance ayant un rôle majeur sur la structuration des territoires. Par leur taille, les banques ont la possibilité de mettre en place des pratiques RSE coûteuses, mais rentables à moyen-long terme. Il peut même s'agir d'une condition à leur survie dans un contexte marqué par de nouvelles formes de concurrences axées sur la baisse des coûts.

Sans surprise, les études quantifiant l'effet de la RSE sur la productivité trouvent un effet positif à long terme, mais négatif à court terme (Berman et Bui, 2001 ; Lanoie et al., 2007). Elles démontrent également que les différentes dimensions de la RSE ne concourent pas de la même façon à la performance économique et financière. Dans un contexte de ressources limitées à court terme, les entreprises sont contraintes d'effectuer un arbitrage sur le volume (la quantité) et la teneur (la qualité) des initiatives RSE qu'elles peuvent entreprendre. Cerner les combinaisons des dispositifs les plus adéquates pour accroître la compétitivité est éminemment complexe. Ici, de nouveau, les banques peuvent bénéficier de rentes informationnelles en lien avec les nombreuses entreprises qu'elles financent.

2. Le capital humain, pilier de la RSE dans le secteur bancaire

Le secteur bancaire est marqué par la culture des risques, dont la maîtrise constitue le cœur de métier, en vue d'assurer un service de financement et de liquidité via la transformation d'échéances. À ce titre, la maîtrise des risques liés aux ressources humaines est à la fois une activité de soutien à l'ensemble des activités bancaires et un facteur clé de compétitivité (Lamarque et Maurer, 2009). Dans la réglementation prudentielle, les coûts exceptionnels liés aux ressources humaines relèvent du risque opérationnel, défini plus généralement comme le risque de pertes liées aux défaillances des procédures internes, des personnes et des systèmes internes, ou liées à des événements externes. Le champ d'application de ce risque est très large et l'efficacité des dispositifs d'analyse et de couverture de ce risque est sans cesse remise en question (Chaouloff et Robic, 2012). Dans les métiers bancaires, il se décompose de façon spécifique en trois grandes catégories.

En premier lieu, il est question des événements à fort impact médiatique. On peut citer les amendes de BNP-Paribas face au non-respect de l'embargo iranien, la manipulation du LIBOR par la Société Générale ou le procès engagé en 2019 suite à la résolution des troubles que connaît la banque Barclays en 2008. Plus encore, les scandales retentissants liés au courtage sont vecteurs de défiance et d'instabilité financière : Nick Leeson et la faillite de la banque Baring ; Kweku Adoboli et les pertes de la banque suisse UBS ; Bruno Michel Iksil (dit la « baleine de Londres ») et les pertes de JP Morgan Chase ; Jérôme Kerviel et les pertes de la Société Générale découvertes en 2008, etc.

Ces éléments de risque opérationnel ont trouvé des éléments de réponse dans la constitution par exemple de « murailles de Chine » entre les différents départements, et sont aujourd'hui relativisés par les nouvelles problématiques liées par exemple au *trading* algorithmique.

Une seconde source de risque opérationnel se situe au niveau de la cyberfraude. Le respect du secret professionnel est compliqué par l'exploitation du *Big data*, les taux d'intrusion dans les systèmes ne cessant d'augmenter. Bien que le problème puisse être interne, lorsque les employés par exemple utilisent leur ordinateur portable en dehors du lieu de travail, il s'agit essentiellement de cyberfraude d'origine externe. Dès lors que les attaques virales peuvent être focalisées sur une banque, mais aussi plusieurs, et concernent potentiellement les chambres de compensation ou les systèmes de paiement, cette source de risque opérationnel est porteuse de risque systémique et intéresse en ce sens le Régulateur et le banquier central (Fernandez-Bollo, 2016).

Enfin, dans le secteur bancaire, la masse salariale est hautement qualifiée et représente plus de la moitié des coûts de production. Cette masse salariale peut à son tour être à l'origine de coûts importants, dans la mesure où le risque opérationnel inclut la perte de ressources humaines stratégiques, car formées sur les systèmes d'information et les processus internes qui sont spécifiques. Alors, garder les talents est un objectif d'autant plus important que les nouveaux acteurs du financement constituent une nouvelle source de recrutement pour les *insiders* positionnés en banque. Mais ces nouveaux acteurs constituent aussi une nouvelle forme de concurrence par rapport à laquelle le climat social dans la banque peut être mis à mal, au profit de conflits coûteux, d'absentéisme voire de démissions.

Cette troisième source de risque opérationnel est principalement observée dans la banque de détail et donc le réseau bancaire. Les Accords de Bâle II considèrent donc le risque opérationnel comme un risque à part entière, moins important que le risque de crédit, mais plus consommateur de fonds propres que le risque de marché, lié aux variations de cours, y compris sur le marché des changes.

En conséquence, les établissements doivent identifier les risques, et établir une cartographie qui évolue au rythme des innovations technologiques et des constats. Ces risques potentiels donnent ensuite lieu à une gestion prospective, la prévention, en vue de les maîtriser, et à la couverture, via le calcul des fonds propres requis.[1] Autrement dit, les banques mettent en place des dispositifs de contrôle interne, ensuite vérifiés par le Régulateur, qui sont largement orientés vers ce risque opérationnel.

Le contrôle interne lui-même suit un positionnement délicat, puisque la notion de « défaillance humaine » peut impliquer la responsabilité des dirigeants, et, car les contrôleurs en interne doivent être suffisamment indépendants pour mettre en avant les limites des pratiques en vigueur au niveau de leur Direction.

Dans ce contexte, les sources de coût au titre de la partie « défaillance humaine » du risque opérationnel augmentent. La mise en place de bonnes pratiques de gouvernance se présente comme un premier rempart contre ces surcoûts. Mais conformément aux enseignements de la littérature relative à la RSE, l'entreprise proactive commencera par supporter les coûts liés à la mise en place des pratiques vertueuses, avant de bénéficier des gains liés à la limitation dans la survenance des

[1] Les activités justifient des procédures qui permettent d'identifier des risques mais aussi des niveaux de risques classés de façon pyramidale. Conformément à la logique de la Valeur à risque (VaR), le risque est évalué par la probabilité d'occurrence et la perte réalisée en cas de survenance du risque. Le montant de fonds propres défini correspond théoriquement à la perte maximale encourue non pas de façon certaine mais avec une probabilité élevée sur un horizon de temps donné. Accessoirement, les limites habituelles de la VaR sont ici d'autant plus marquées que les risques sont diffus et évolutifs, et donc difficiles à quantifier, et que certains risques ne se produisent que très rarement, mais peuvent revêtir une dimension systémique.

risques. Il convient de noter l'existence d'une asymétrie, puisque la mise en place des pratiques vertueuses représente un coût net, alors que les bénéfices renvoient au coût d'opportunité, moins visible, qui est supporté lorsque ces pratiques ne sont pas mises en avant. Ce coût net procède notamment d'investissements en capital humain pour une montée en compétences favorisant la limitation des défaillances. Le « capital intellectuel » des établissements peut d'ailleurs mis en avant dans le cadre du *reporting*, comme observé par exemple pour les banques islamiques (Belal et *al.*, 2019).

Si l'on élargit la RSE bancaire à la relation avec les entreprises emprunteuses, l'incohérence temporelle se retrouve dans la relation entre le Conseiller et sa clientèle : alors que l'échéance du prêt est limitée à quelques années tout au plus, les bénéfices environnementaux d'une démarche RSE n'apparaissent qu'à plus long terme, et souffrent du manque d'analyse contrefactuelle permettant de savoir ce qui se serait produit si les prêts avaient été accordés en portant un regard différent sur la dimension RSE des projets financés. En tout état de cause, l'accord de prêt dépend de la solvabilité du projet, car un refus de prêt ne saurait être motivé par la seule empreinte carbone du projet pour lequel un financement est demandé. Mais la teneur des échanges entre le porteur de projet et son conseiller qualifié peut tout à fait privilégier la soutenabilité à moyen et long terme, soit une démarche RSE bénéfique pour l'emprunteur, y compris à travers ses capacités d'innovation (Tseng et *al.*, 2014), mais aussi pour la banque et plus généralement pour la croissance.

3. Le cas du système financier marocain

Selon la Banque Mondiale (Alvarez de La Campa 2011), c'est en Afrique du Nord et au Moyen-Orient que l'accès de l'entreprise au crédit est le plus faible au monde. Bastidon et al. (2015) montrent ainsi que le secteur bancaire marocain est amené à privilégier les financements publics ou immobiliers au détriment par exemple des crédits à l'équipement. Pourtant, le secteur bancaire et plus généralement financier marocain est l'un des plus dynamiques de la Région et les pratiques sont mises en œuvre de façon conforme aux standards internationaux.

Le royaume du Maroc a entrepris d'importantes réformes de son Droit financier. Les potentialités sont progressivement réunies pour devenir un hub financier régional mariant l'Union européenne, le Maghreb et l'Afrique occidentale. Par exemple, la Loi bancaire de mars 2015 rend possible la création de banques islamiques[1] ou encore banques participatives. Le Maroc peut accéder au statut de principale Place financière islamique au Maghreb voire en Afrique. Ainsi, nombre d'investisseurs du Moyen-Orient, respectueux des principes de la Charia, participent au financement de l'économie. Un volume important de demandes d'agrément est soumis à l'approbation de Bank Al Maghrib. La Banque centrale ne peut accorder autant d'agréments, le marché bancaire local ne présentant pas la dimension pour accueillir autant d'établissements, malgré l'intérêt porté aux candidatures proposant d'axer leur activité sur le financement des PME et la bancarisation de la population. Plus généralement, l'essor des financements alternatifs amène à esquisser deux cas polaires.

Un premier scénario renvoie à la substituabilité des acteurs et à une concurrence destructrice entre banques et non banques. Alors même que leur capacité de financement est limitée, les banques marocaines et/ou implantées au Maroc sont aussi moins compétitives en termes de prix dès lors qu'elles supportent le coût du réseau physique, des personnels qualifiés et des réglementations. Dans ce contexte, les établissements peuvent être tentés par une stratégie de réduction des coûts, notamment de la masse salariale *via* le niveau de qualification. Comme observé ci-dessus, cette stratégie peut renforcer les sources de coût que sont les défaillances humaines tout en réduisant la confiance envers le secteur bancaire, l'expertise et le conseil face aux demandes de financements, la croissance domestique et les effets

[1] Les institutions financières islamiques représentent 1% du total des actifs dans le monde en 2014. En 2009, on compte 300 banques et 250 fonds dans le monde respectant les principes de la Charia. Puis la banque islamique augmente au rythme de 17 % par an de 2009 à 2013 (Gauvin, 2015), une croissance qui se poursuit jusqu'en 2018.

vertueux liés à la responsabilité environnementale. La valeur ajoutée du conseiller bancaire s'amenuise et la tentation pour le client de substituer à la banque traditionnelle une banque en ligne, voire une néo-banque, moins coûteuse, est particulièrement grande, *a fortiori* si le degré d'exigence de la clientèle bancaire augmente avec son niveau de connaissance des problématiques financières. La modification profonde du système de financement, au profit du financement alternatif et au détriment des banques traditionnelles, ne fait pas apparaître de dynamique vertueuse au niveau macroéconomique.

Le second scénario privilégie la complémentarité entre banques et nouveaux acteurs. Les banques optent pour des investissements en capital humain et donc une montée en compétences de leurs ressources humaines. Valorisées par de telles politiques, ces dernières sont mieux à même de supporter les pressions liées à la concurrence nouvelle et à la recherche de Produit net bancaire. Formé pour mieux accompagner les emprunteurs, le conseiller bancaire détient dans son portefeuille des informations cruciales relatives aux pratiques de gouvernance de la clientèle professionnelle. Il permet au porteur de projet, indépendamment de la décision d'octroi du prêt basée sur une analyse traditionnelle de rentabilité, de bénéficier d'informations relatives à la soutenabilité à moyen et long terme du projet. Le rôle de la banque en matière de structuration des territoires s'en trouve renforcé, ainsi que l'attractivité touristique domestique et la confiance interpersonnelle, apparentée à un élément important de capital social. Même si la rationalisation du secteur est constante, ce scénario permet aux banques de maintenir leur cœur de métier et leur positionnement sur le marché du financement, en exploitant au mieux les compétences d'une main-d'œuvre qualifiée, et les informations extra-financières dont elles disposent. Cette sortie par le haut du positionnement bancaire passe par une démarche RSE intégrée, depuis le capital humain et les pratiques de gouvernance jusqu'à l'impact environnemental des activités financées. Elle implique de supporter à court terme des coûts dont les bénéfices sont attendus à moyen voire long terme. Cette contrainte intertemporelle peut être considérée comme un véritable enjeu pour les banques « en dur » implantées sur le sol marocain, parfois *via* des Investissements directs à l'étranger (Fam et *al.* 2017).

Les acteurs non bancaires, notamment les Fintechs, sont susceptibles de se focaliser sur la clientèle particulièrement sensible au prix des prestations. Cette clientèle sera probablement captive de nouveaux acteurs dont les coûts et les tarifs sont inférieurs. La banque en ligne détient un agrément, mais ne supporte pas le coût du réseau : en matière de développement financier, elle peut favoriser l'inclusion financière de ménages non bancarisés. La dynamique vertueuse procède alors d'une baisse de la part du secteur informel, avec ses effets bénéfiques en termes de manquer à gagner fiscal pour les Autorités, ou de protection sociale. Simultanément, le financement participatif et le financement « *charia compatible* » contribuent au cercle vertueux en augmentant les financements à destination des ménages et des entreprises. En dynamique, la hausse des revenus contribue à l'apparition de nouveaux besoins, pouvant amener à opter pour un déplacement vers les banques traditionnelles axées sur la qualité du conseil et en prise avec les problématiques locales liées aux territoires. La mutualisation des ressources permet ensuite une plus grande diversification des actifs, laquelle procède d'un renforcement de la solidité bancaire *via* le développement boursier : au niveau macroéconomique, la capacité du pays à attirer des investissements financiers, pour compléter l'épargne domestique, s'en trouve renforcée.

Les banques ont la possibilité de capitaliser sur le double positionnement du Maroc en Afrique et en Europe. Face à l'essor des financements alternatifs observable dans la plupart des pays, les stratégies bancaires conditionnent les probabilités d'occurrence des scenarii « substituabilité » et « complémentarité ». Ce dernier scénario implique de maintenir les investissements en capital humain et de les intégrer au sein de politiques RSE globales privilégiant la qualité de la relation bancaire.

Conclusion

Les entrepreneurs privilégiant la RSE soutiennent le développement et permettent de créer des écosystèmes de croissance durable. Ils favorisent l'émergence de marchés nouveaux et l'établissement de relations de confiance. La « tragédie des horizons » [1] empêche cependant de formuler une recommandation consensuelle sur l'opportunité de la RSE du point de vue de la performance économique et financière des firmes, sauf à dire qu'une insuffisante prise en compte favorise le réchauffement climatique dont les effets indésirables sont rédhibitoires (Bouzidi et *al* 2017 ; Canfin et Granjean 2015).

Dans cet article, nous nous focalisons sur la spécificité de la RSE dans l'industrie bancaire, suivant trois axes : les ressources humaines nombreuses et qualifiées posent le problème de la gestion du risque opérationnel ; les informations dont disposent les banques offrent la possibilité d'intégrer la dimension environnementale dans la relation avec les emprunteurs ; les nouvelles formes de concurrence posent la question de la valeur ajoutée bancaire et du modèle d'affaires permettant de la maximiser.

Il apparaît que la responsabilité sociétale des banques conditionne leur responsabilité environnementale. En effet, la préservation voire la montée des compétences des ressources humaines, par des investissements en capital humain (responsabilité sociétale), permet aux banques de réduire les sources de coût opérationnel, de privilégier la qualité du conseil et des services bancaires, en exploitant au mieux leur connaissance des territoires et de la soutenabilité à moyen et long terme des projets financés (responsabilité environnementale). Cette forme de RSE bancaire permet aussi d'entretenir la confiance et de préserver les parts de marché face aux nouveaux acteurs.

Le positionnement stratégique du Maroc est renforcé par les changements réglementaires successifs visant à adapter le système de financement aux évolutions des préférences des agents et des technologies. Les nouveaux acteurs financiers peuvent jouer un rôle complémentaire en favorisant les financements et la croissance, mais également l'inclusion financière et la réduction du secteur informel. Ce scénario de

---

[1] La Tragédie des horizons désigne l'incapacité des marchés financiers à prendre en compte les perspectives temporelles de long terme (Carney, 2015).

« complémentarité » entre banques et non banques est à même d'engranger une dynamique porteuse de capital social, de financements additionnels, d'attractivité, d'emploi et de croissance. Il implique d'éviter une rationalisation de l'industrie bancaire par la baisse drastique des investissements en capital humain, face à des établissements dont les coûts de production sont de toute façon moindres.

Références

Alvarez de la Campa A., (2011), « Increasing access to credit through reforming secured transactions in the MENA region. *The World Bank, Working Paper 5613.*

Bastidon C., Huchet N.,. Kocoglu Y. (2015), « Le marché du crédit marocain : rationnement du crédit ou substitution d'actifs ? » in Bastidon-Gilles, Ghoufrane, Oulmane et Silem (Sous la direction de) *Commerce international - Investissements directs étrangers et participation des pays méditerranéens aux chaînes de valeur mondiales*, l'Harmattan.

Belal A. R., Mazumder M. M. M., Ali M. (2019). "Intellectual capital reporting practices in an Islamic bank: A case study". *Business Ethics: A European Revie*w, 2019, 28(2), 206-220, *First Published : 2018.* https://www.researchgate.net/publication/328535021_Intellectual_capital_reporting_practices_in_an_Islamic_bank_A_case_study

Berman E., Bui L., (2001) "Environmental Regulation And Productivity: Evidence From Oil Refineries". *The Review of Economics and Statistics*, 83(3), 498-510.

Brekke K. A., Nyborg K., (2008), "Attracting responsible employees: Green production as labor market screening". *Resource and Energy Economics* 30(4), 509-552.

Bouzidi A., Grandjean A., Martini M., (2017), « Régulation financière et urgence climatique : Pour des normes prudentielles et comptables plus vertes. » *Rapport Terra Nova.*

Canfin P., Grandjean A., (2015), « Mobiliser les financements pour le climat. Une feuille de route pour financer une économie décarbonée ». *Rapport de la commission Pascal Canfin - Alain Grandjean.*

Carney M. (2018), "A Transition in Thinking and Action". *International Climate Risk Conference for Supervisors, De Nederlandsche Bank*, 6 avril .

Carney M., (2015) "Breaking the Tragedy of the Horizon - climate change and financial stability" https://www.bankofengland.co.uk/speech/2015/breaking-the-tragedy-of-the-horizon-climate-change-and-financial-stability+&cd=3&hl=fr&ct=clnk&gl=fr.

Chaouloff J.-P., Robic G. (2012). « Risque opérationnel : une remise en cause permanente ». *Banque et Stratégie*, 303, 24-25.

Cooper B., Wang J., Bartram T., Cooke F. L., (2019),. Well-being-oriented human resource management practices and employee performance in the Chinese banking sector: The role of social climate and resilience. *Human Resource Management,* 58(1), 85-97.

Doligez F., (2017) « La microfinance, précurseur de la financiarisation de l'aide au développement ? » *Mondes en développement*, 178, 41-58.

Fam P.-G., Huchet N., Lapierre S. (2017), « L'intégration bancaire en Méditerranée : état des lieux et perspectives ». *Continuité et rupture des échanges en Méditerranée*, coll. Transverses, 283-310.

Fernandez-Bollo E., (2016) « Supervision : La cybercriminalité, risque systémique pour le secteur financier ». *Revue Banque*, 793, 22-23.

Gauvin A. (2015), "Morocco seeks to boost international profile with banking reforms" *Report: Morocco 2015 - Connecting North ond South*, Ed. OBG, 2015, 282.

Lamarque É., Maurer F., (2009) « Le risque opérationnel bancaire : Dispositif d'évaluation et système de pilotage ». *Revue française de gestion*, 191, 93-108.

Lanfranchi J., Pekovic S. (2012), "How Green is my Firm? Workers' Attitudes towards Job, Job Involvement and Effort in Environmentally-Related Firms". halshs-00744483

Lanoie P., Johnstone N., Lucchetti, J., Ambec S. (2007), "Environmental Policy, Innovation and Performance: New Insights on the Porter Hypothesis". *GAEL Working Paper*, 2007, 07.Université de Grenoble

Masum A. K. M., Azad M.A.K.. Beh, L.-S., (2016), The role of human resource management practices in bank performance. *Total Quality Management and Business Excellence,* 27(3/4), 382-397.

Nyborg K., Zhang T. (2011), "Is Corporate Social Responsibility Associated with Lower Wages?". *Environmental and Resource Economics*, 55, 107-11.

Porter M., van der Linde C., (1995), "Towards a New Conception of the Environment-Competitiveness Relationship". *Journal of Economic Perspectives*, 9(4), 97-118.

Tseng, J.F., Wang H-K., Yen Y.-F. (2014), « Organisational innovability: exploring the impact of human and social capital in the banking industry ». *Total Quality Management and Business Excellence.* 25(9/10), 1088-1104.

Chapitre 5
Système scolaire, compétitivité et transformation économique du Maroc

Ouafaà KHALLOUK[1]

Introduction

Le Maroc possède de nombreux atouts pour réussir son développement économique et social (cf Fouzi Mourji *et* Hicham Masmoudi, 2015). C'est l'un des pays les plus prometteurs d'Afrique et du monde arabe. Il dispose d'infrastructures de grande qualité, d'un cadre macroéconomique stable, d'un système financier moderne et d'une base productive diversifiée. Toutefois, malgré l'ensemble de ces atouts, les performances du modèle économique marocain comportent des limites (Banque Mondiale, 2018).

Depuis 2010, la croissance du PIB n'atteint que 3 %, contre 5 % en moyenne dans les autres pays émergents. Avec ce rythme de croissance, l'économie ne crée en moyenne que 70 000 emplois par an, alors que la population en âge de travailler augmente de 400 000 personnes chaque année (HCP, 2018). Aujourd'hui, seulement 42 % des adultes marocains ont un emploi, et ce taux baisse tendanciellement depuis une décennie. Le déficit d'emploi s'accompagne d'un déficit de productivité. Le Maroc affiche un taux d'investissement supérieur à 30 % du PIB, soit l'un des plus élevés du monde, mais la productivité des facteurs est particulièrement faible et ne permet pas de stimuler durablement la croissance. En effet,

---

[1]Professeure de fiscalité et de finances publiques, Université Mohamed V de Rabat

les gains de productivité globale des facteurs sont estimés à moins de 1 % par an (Banque Mondiale, 2018).

À l'atonie de la croissance économique, s'ajoute un problème de montée en gamme technologique. La transformation structurelle du tissu productif est lente, et les activités à faible valeur ajoutée restent dominantes. Parmi la population en âge de travailler, moins de 8 % exercent des fonctions de cadres moyens et supérieurs, à comparer avec un taux de 20 % en moyenne dans les pays émergents et 50 % dans les pays développés. La faible évolution du taux d'encadrement, qui passé de 6 % en 2000 à 7,8 % en 2017, témoigne d'une montée en gamme limitée des entreprises marocaines, ce qui ne permet pas de créer suffisamment d'opportunités pour les diplômés de l'enseignement supérieur, dont le taux de chômage au premier trimestre 2018 est de 25,4 %, avec, en particulier, un taux de 27,8 % pour les lauréats des facultés1.

Depuis une décennie, le Maroc a réussi à faire émerger de nouvelles filières exportatrices, notamment dans l'automobile et l'aéronautique. Mais on constate que la dynamique de ces secteurs est presque entièrement portée par des entreprises étrangères, avec une faible implication d'acteurs nationaux et un taux d'intégration locale qui se situe autour de 30 %. Cette dynamique révèle la faiblesse de l'entrepreneuriat productif au Maroc qui n'attire pas suffisamment les jeunes générations. Le nombre d'exportateurs marocains stagne depuis deux décennies autour de 5000.

La persistance d'un déficit commercial considérable, représentant 9,90 % du PIB en 2017, certes bien moindre que celui enregistré en 1977 qui était de 20,43 %, indique que la Maroc continue de pâtir d'un problème de compétitivité structurelle. Les politiques sectorielles, les incitations et les subventions permettent de compenser les handicaps de compétitivité, mais ces dispositifs sont coûteux et ne traitent pas les problèmes fondamentaux à la racine dont le moindre n'est pas la crise du système scolaire marocain

[1] https://www.hcp.ma/Emploi-chomage-activite_r123.html

1. La crise de l'école marocaine

La croissance, la compétitivité, l'emploi, la montée en gamme et l'entrepreneuriat sont autant de défis cruciaux pour l'avenir du Maroc. Mais chacun de ces enjeux renvoie à un problème transversal qui est celui du capital humain. Les pays qui se sont développés ont tous des modèles de développement différents, mais un facteur commun les relie : la qualité de leur capital humain.

Figure 1. Corrélation entre la croissance économique et la qualité de l'éducation

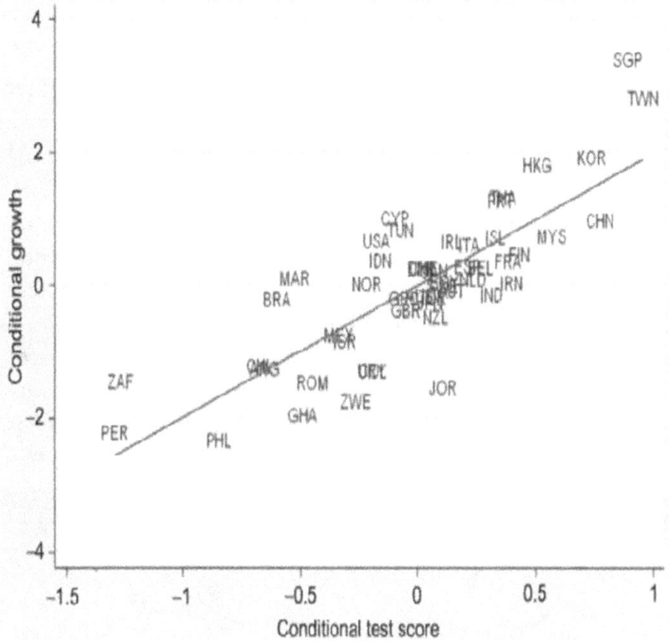

Source : Hanushek et Woessman (2007)

On ne connaît aucun exemple de pays qui se soit développé durablement sans disposer d'un système scolaire de grande qualité. Les pays asiatiques qui ont connu des miracles économiques (Corée, Taiwan, Japon, Chine, Singapour, etc.)

figurent tous parmi les 10 premières nations du classement PISA réalisé par l'OCDE1. Les recherches réalisées par de nombreux auteurs comme Hanushek et Woessman (2007) et Altinok (2006) montrent que la qualité de l'éducation compte au moins autant que le nombre d'années d'études. Ces travaux ont même tendance à indiquer que la relation entre capital humain et croissance est causale comme l'illustre la figure 1 ci-dessus.

Le rôle de l'éducation est encore plus important pour le développement économique dans un contexte de révolution numérique marquée par le processus d'automatisation des tâches routinières, aussi bien manuelles qu'intellectuelles, avec notamment l'émergence de l'intelligence artificielle. La création de valeurs ajoutées va reposer de plus en plus sur la capacité à innover, à analyser des données massives (Big data) et à résoudre des problèmes complexes. Comme le souligne le chercheur du MIT Daron Acemoglu, la technologie est « skill-biased », dans la mesure où sa manipulation par les travailleurs requiert des compétences plus sophistiquées (Acemoglu, 2018).

Si le Maroc a réussi à améliorer substantiellement le taux de scolarisation, il doit encore relever le défi de la qualité de l'enseignement. En effet, au début des années 1990, seulement 50 % des enfants marocains étaient scolarisés. En 2012, le taux de scolarisation primaire avait atteint 96 %. Malgré le décrochage scolaire, qui reste un problème important, le nombre de bacheliers a doublé ces 10 dernières années passant de 100 000 en 2007 et à 220 000 en 2017. Plus de la moitié des bacheliers obtiennent un diplôme universitaire, soit environ 120 000 par an (Le Maroc en Chiffres, 2018).

---

[1] L'acronyme PISA de l'anglais *Programme for International Student Assessment* désigne le Programme international pour le suivi des acquis des élèves. Il s'agit d'un ensemble d'études menées par l'OCDE, ayant pour objet de mesurer les performances des systèmes éducatifs des pays membres et non membres

Figure 2. Taux de scolarisation dans le primaire (%)

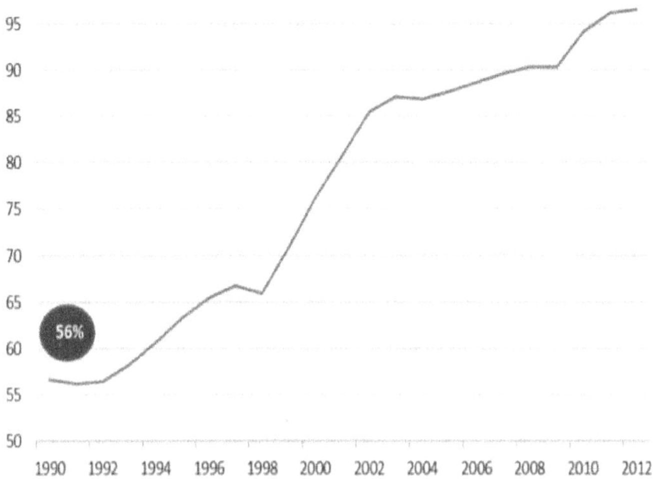

Source : Banque Mondiale

Mais il ne suffit pas que les jeunes fréquentent l'école, encore faut-il qu'ils y acquièrent les compétences fondamentales. Or l'école marocaine traverse une « crise de l'apprentissage ». Toutes les évaluations nationales et internationales convergent autour du constat que le niveau scolaire des élèves marocains est très faible, inférieur au niveau moyen observé en Afrique. Selon le Human Capital Index publié en 2018 par la Banque Mondiale, des pays à bas revenus comme le Sénégal, le Cameroun, le Kenya ou le Ghana sont mieux classés que le Maroc en matière de qualité éducative. Le score du Maroc le classe à la 126e position sur 157 pays, avec un niveau inférieur à la moyenne des pays d'Afrique Subsaharienne. Les mesures disponibles suggèrent qu'environ deux tiers des enfants scolarisés au Maroc sortent de l'école primaire sans maîtriser les bases de la lecture (rapport PIRLS) et du calcul (rapport TIMSS). Au terme de la scolarité obligatoire, les élèves âgés de 15 ans ne maitrisent que 40 % du programme, et cette sous-performance concerne toutes les disciplines enseignées (PNEA, 2016).

Mal formés, dépourvus des compétences de base pour réussir leur insertion professionnelle, les diplômés de l'enseignement supérieur au Maroc souffrent d'un chômage de masse qui atteint plus de 30 %, alors même que de nombreuses entreprises se plaignent du manque de ressources humaines qualifiées pour accompagner leur croissance, en particulier dans les secteurs de l'offshoring, de l'informatique, de l'automobile et de l'aéronautique.

Tableau 1 : Indicateurs annuels de chômage par milieu de résidence (taux en %)

Indicateurs	Année 2017			Année 2018		
	Urbain	Rural	Ensemble	Urbain	Rural	Ensemble
Tx de chômage	14,7	4,0	10,2	14,2	3,5	9,8
Hommes	11,8	4,3	8,8	11,4	3,9	8,4
Femmes	25,0	3,1	14,7	24,3	2,5	14,0
15-24 ans	42,8	11,4	26,5	43,2	10,4	26,0
25-34 ans	21,6	5,0	15,4	21,2	4,5	11,5
35-44 ans	7,0	1,9	5,1	6,6	1,6	4,7
45 ans et +	3,7	0,9	2,5	3,7	0,9	2,4
Sans diplôme	6,7	1,9	3,8	6,2	1,6	3,5
Avec diplôme	19,6	10,7	17,9	19,1	9,8	17,1

Source : Enquête nationale sur l'emploi 2018, HCP

La racine du problème de la qualification des jeunes diplômés remonte à l'enseignement fondamental à partir duquel les lacunes s'accumulent et deviennent insurmontables. Le prix Nobel d'économie James Hackman a montré qu'il était très difficile d'améliorer significativement les compétences cognitives fondamentales d'un enfant après l'âge de 10 ans (Hackman, 2008). Il en conclut que le rendement de l'investissement éducatif est maximal dans les premières années de formation.

2. Un enjeu de cohésion sociale

La situation de l'école pèse lourdement sur le développement du Maroc à travers l'affaiblissement de la productivité des travailleurs. Elle nuit aussi à la cohésion nationale, dans la mesure où les inégalités scolaires empêchent la mobilité sociale. L'école n'exerce plus, comme par le passé, son rôle d'ascenseur social.

La massification s'est accompagnée d'une polarisation du système éducatif avec une forte montée du secteur privé dont la part dans les effectifs du primaire est passée de 4 % en 2000 à 15 % en 2017.

Les évaluations (PNEA 2016) montrent que le niveau des élèves dans le secteur privé est nettement supérieur à celui des élèves dans le secteur public. La différence la plus importante concerne la maîtrise de la langue française. On constate en effet que le score des élèves du privé est quasiment le double de celui du public. Cela indique que les différences de niveau scolaire entre le public et le privé reflètent des différences de milieu social. L'école privée donne de meilleurs résultats que l'école publique, car elle accueille des enfants issus de milieux plus favorisés avec des parents plus instruits.

Figure 3. Effectifs scolarisés dans le secteur privé (%)

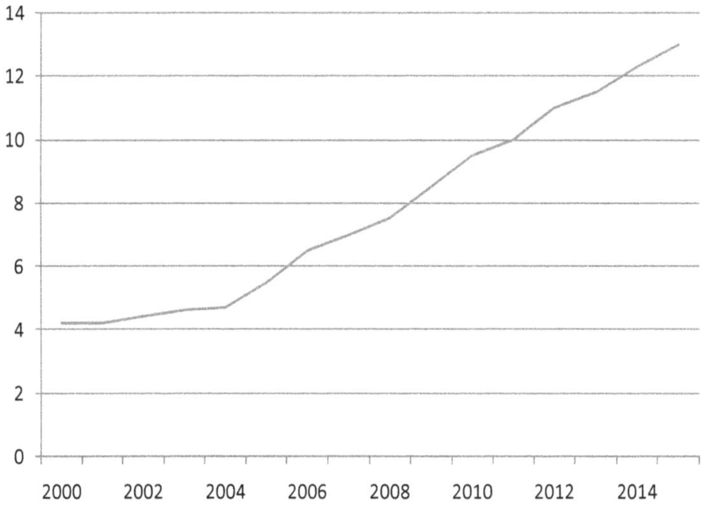

Source : Banque Mondiale

Dans les tests internationaux, le Maroc ressort comme le pays qui dispose de la plus forte inégalité scolaire, avec l'écart le plus important entre les meilleurs élèves (premiers 10 %) et les élèves les plus faibles (derniers 10 %). Cette polarisation scolaire peut donc contribuer à une polarisation sociale : l'école ne remplit ainsi plus son rôle d'ascenseur social. La probabilité qu'un élève scolarisé dans le secteur public devienne cadre a fortement baissé. Même si on constate une forte augmentation des effectifs dans le secteur privé, le degré de privatisation à l'échelle nationale reste faible et la grande majorité des enfants restent scolarisés dans le secteur public (85 %). La progression de la privatisation est limitée par les moyens financiers des ménages et le coût élevé des frais de scolarité. Dans ce contexte, améliorer les performances de l'éducation nationale au Maroc passe par un investissement massif dans l'école publique qui continue de concentrer l'essentiel de la population d'élèves.

Figure 4. Inégalités scolaires
(Rapport interdécile des scores PIRLS)

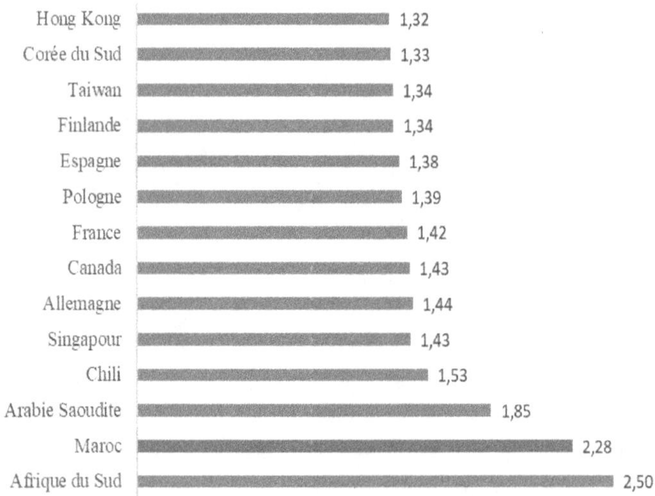

Source : PILS 2016

Au regard des tendances décrites précédemment, il apparaît qu'une amélioration importante de la qualité de l'enseignement au Maroc est une condition indispensable pour accomplir un projet de développement national. Le Maroc a besoin de hisser le score des élèves marocains au niveau des autres pays émergents (un gain d'environ 100 points dans les tests internationaux). Il doit également se fixer pour objectif stratégique de résorber les inégalités scolaires, en offrant à tous les enfants, dans les établissements publics un enseignement de haute qualité, de même niveau que celui dispensé dans les meilleures écoles privées et les missions étrangères. La réalisation de cette grande ambition éducative s'inscrit dans un horizon de très long terme. La convergence vers les autres pays ne pourrait normalement se faire que très graduellement. En effet, l'analyse des tests internationaux réalisés depuis deux décennies (PISA, TIMSS, PIRLS) montre que les meilleurs réformateurs mondiaux améliorent leur score à un rythme moyen de points par an.

Parmi ces pays figurent notamment le Pérou, le Chili, le Brésil, la Pologne, la Tunisie et la Turquie. En se basant sur cette dynamique observée dans d'autres pays cites précédemment, pour que le Maroc parvienne à déclencher une dynamique d'amélioration similaire à celle des nations les plus performantes, il lui faudrait une trentaine d'années avant d'égaler le niveau d'apprentissage observé actuellement dans des pays émergents comme la Turquie (Banque Mondiale, 2016).

Sur le plan économique, l'impact d'une réforme éducative ne se ferait ressentir qu'après un long délai de transmission. Les nouvelles cohortes d'élèves bénéficiant pleinement de la réforme ne seront diplômées que 15 ans après la mise en œuvre des mesures de transformation. De surcroit, il faudra attendre qu'une masse critique de nouvelles cohortes arrive sur le marché de l'emploi pour percevoir un impact significatif sur la disponibilité de compétences et la productivité de l'économie. Au total, les effets sociaux et économiques d'une réforme éducative initiée aujourd'hui n'apparaitraient que dans 30 à 40 ans.

L'amélioration attendue de la qualité de l'enseignement au Maroc nécessitera une transformation profonde de la politique éducative que nous allons présenter dans la section suivante.

3. Quelle politique éducative du Maroc ?

Trois mesures prioritaires sont à examiner pour initier une dynamique de changement :

i) Mesurer systématiquement les acquis scolaires
ii) Renforcer la compétence professionnelle des enseignants
iii) Instaurer des mécanismes de soutien scolaire au sein de l'école.

3.1. Mesurer systématiquement les acquis scolaires

La mesure de l'acquisition des connaissances et des compétences par les élèves est un prérequis fondamental pour toute réforme du système éducatif. La réalisation de tests disciplinaires permet en effet d'établir un diagnostic sur la qualité de l'enseignement, suivre les progrès, fixer des objectifs d'amélioration et mesurer l'impact des réformes.

L'expérience étrangère montre que les pays réformateurs s'appuient sur un riche ensemble d'informations, de sources nationales et internationales, pour piloter leur projet de transformation. À l'échelle internationale, le développement des tests de type PISA, TIMSS et PIRLS a exercé une influence considérable sur la conduite des politiques éducatives. Ces tests permettent de comparer les compétences scolaires des élèves de 10 ans et de 15 ans dans plus de 70 pays. Sur le plan pédagogique, leur intérêt majeur réside dans le fait qu'ils n'évaluent pas les enfants sur leur capacité à mémoriser leurs leçons, mais plutôt sur leur aptitude à utiliser les savoirs pour réfléchir à partir de situations nouvelles et résoudre des problèmes inspirés de la vie réelle. Dans les pays évalués, la publication des résultats constitue un « moment de vérité » qui déclenche souvent des débats passionnés, mobilisant le grand public, la communauté éducative et les décideurs. En Allemagne par exemple, le mauvais classement obtenu dans le premier rapport PISA en 2001 a provoqué un « PISA shock » qui a déclenché un mouvement de réforme de grande ampleur. Au-delà de ce cas emblématique, l'enquête PISA constitue désormais un élément structurant du débat éducatif dans plusieurs pays.

Si les tests internationaux sont utiles pour comparer les performances entre pays, mesurer les progrès dans le temps et identifier les bonnes pratiques en matière de réforme éducative, ils ne fournissent qu'une image macroscopique qui n'est pas suffisamment fine et détaillée pour piloter la performance du système au niveau des écoles et des classes. Conscients de l'importance cruciale de produire une information exhaustive sur les acquis scolaires pour améliorer la performance de l'école, des pays comme le Brésil ont mis en place un système national d'évaluation couvrant la totalité des élèves scolarisés. Le Brésil est le pays qui a réalisé la plus forte amélioration dans le test PISA ces dix dernières années. En mathématiques, son score est passé de 345 à 391, avec un gain moyen de 4 points par an. Ces progrès éducatifs sont le fruit d'une stratégie de réforme multidimensionnelle initiée dans les années 1990.

Les experts considèrent toutefois que l'une des ruptures les plus importantes a été la mise en place d'une mesure transparente et systématique du niveau scolaire des élèves. Cela a permis de changer en profondeur la structure des incitations en créant les conditions d'une gestion axée sur la performance. Ce système est le fruit d'une élaboration graduelle. En 1995, les autorités ont mis en la place le test SAEB réalisé tous les deux ans auprès d'un échantillon représentatif.

Ce cadre d'évaluation a été étendu en 2005 à tous les élèves de 4e et 8e années, sous le nom « Prova Brazil ». Les autorités disposaient alors d'une base de données exhaustive sur la performance de toute la population scolarisée du pays. L'échelle de notation de « Prova Brazil » a été calibrée pour être comparable avec l'enquête internationale PISA. Fixer un objectif d'amélioration dans « Prova Brazil » revient ainsi à cibler une progression dans le classement PISA.

En 2007, l'indice IDEB (*Indice de Desenvolvimento da Educaçao Basica*) a été créé pour mesurer la performance au niveau de chaque école, en combinant des indicateurs d'apprentissage et des indicateurs de flux (taux de redoublement et d'achèvement). La double dimension de l'indice permet d'atténuer les effets pervers inhérents aux indicateurs de performance. En effet, l'inclusion d'une mesure d'apprentissage décourage les comportements consistant à faire passer automatiquement les élèves sans se soucier de leurs acquis scolaires, et l'introduction d'un indicateur de flux limite l'intérêt de faire redoubler ou d'exclure les élèves médiocres pour améliorer artificiellement le score obtenu aux tests. IDEB s'est imposé est un outil majeur de la politique éducative au Brésil. Les autorités fixent des objectifs d'amélioration à atteindre pour toutes les écoles. Les établissements qui atteignent ou dépassent l'objectif reçoivent une prime de performance à partager entre les enseignants, tandis que les écoles qui affichent des résultats inférieurs aux attentes font l'objet d'une supervision renforcée et peuvent être dotées de ressources supplémentaires pour faire face à leurs difficultés.

Sans atteindre le niveau de sophistication du dispositif brésilien, certains pays ont mis en place des systèmes d'évaluation simples et efficaces, qui contribuent à responsabiliser les acteurs en exerçant une pression à la performance. En Inde par exemple, l'ONG Pratham réalise une enquête auprès des ménages pour mesurer directement le niveau scolaire des enfants, dont les résultats sont publiés annuellement dans le rapport ASER (Annual Assessment Education Report). Grâce à cet effort de collecte de données, Pratham a réussi à placer la problématique de la qualité de l'enseignement au cœur du débat public en Inde, dans un pays où le ministère de l'Éducation tend à dénier la crise de l'apprentissage (il a décidé de sortir du programme PISA après la publication de résultats très défavorables en 2009, au motif que les tests étaient inadaptés à la culture indienne).

Contrairement aux pays réformateurs, le Maroc ne dispose encore de système d'évaluation objectif et régulier des acquis scolaires des élèves. En effet, depuis son entrée à l'école jusqu'à l'obtention du baccalauréat, le véritable niveau de l'élève n'est quasiment jamais apprécié.

Au primaire, l'évaluation est fondée exclusivement sur les notes de contrôle continu octroyées par les enseignants. Aucune évaluation objective des acquis scolaires n'est réalisée avant l'examen normalisé en fin de 6e année. Avec un taux de réussite supérieur à 90 %, cette évaluation a perdu de sa crédibilité, et ne permet pas de détecter les situations de difficulté d'apprentissage ou d'échec scolaire, qui touchent pourtant la majorité des élèves (au vu des tests internationaux et du PNEA). Les notes de l'examen normalisé sont diluées dans une moyenne intégrant des notes de contrôle continu généralement complaisantes.

Le véritable niveau de l'élève n'est révélé que tardivement, lorsqu'il entame ses études universitaires et qu'il se confronte au marché de l'emploi. Force est de constater que l'évaluation objective des compétences des élèves n'a pas été une véritable priorité de politique éducative.

Ce déficit d'informations explique en grande partie le manque de responsabilisation des acteurs et l'absence de réaction face la dégradation continue de la qualité de l'enseignement. Les seules sources d'informations disponibles sur le cycle primaire sont le PNEA réalisé en 2008 par le Conseil supérieur de l'éducation et les tests internationaux TIMSS et PIRLS. Renforcer le système existant à travers l'élargissement à l'ensemble des élèves et l'actualisation périodique du PNEA serait une avancée importante.

L'institutionnalisation de l'évaluation des élèves a vocation à responsabiliser les acteurs en établissant un lien entre la performance des enseignants et leur rémunération. Toutefois, la recherche académique montre qu'une trop forte insistance sur les résultats des tests peut être contre-productive et générer des effets préjudiciables à la qualité de l'enseignement. Un problème rencontré dans de nombreux pays est le *Teaching for testing*, qui se manifeste lorsque les enseignants concentrent tous leurs efforts sur la réussite aux tests, en négligeant des aspects importants, mais non mesurés du cours. Une expérience conduite par le J-PAL au Kenya, confirme l'existence d'un risque de distorsion dès lors que l'on établit un lien étroit entre la rémunération de l'enseignant et les résultats de ses élèves aux tests (Glewwe, 2010). En outre, sur le plan statistique, il s'avère difficile d'attribuer le score d'un élève à la performance de son enseignant, car celui-ci peut être influencé par de nombreuses autres variables (il est certes possible de calculer statistiquement des indicateurs de « valeur ajoutée » des enseignants en contrôlant par les autres facteurs).

3.2. Renforcer le niveau de compétence des enseignants

De nombreux travaux académiques ont établi que le facteur le plus déterminant pour le niveau scolaire d'un élève est la compétence de son enseignant. Il est largement admis au sein de la communauté internationale des experts en sciences éducatives que « le niveau d'un système éducatif ne peut dépasser le niveau de ses enseignants » (Mckinsey, 2007). Au regard de la recherche universitaire, la « crise de l'apprentissage » dont souffre l'école marocaine pourrait trouver son origine dans une « crise du métier d'enseignant ». La massification de l'enseignement s'est accompagnée d'une massification du corps enseignant qui n'attire plus les meilleurs élèves. L'enquête IPSE menée par l'Observatoire Nationale du Développement Humain en 2017 (ONDH, 2017) auprès d'un millier d'enseignants du cycle primaire a montré que la majorité d'entre eux ne possédaient pas les compétences de base pour assurer un enseignement de qualité. Dans cette étude, un enseignant est considéré comme compétent lorsqu'il parvient à corriger au moins 80 % des erreurs volontairement glissées dans une copie d'élève fictive. En outre, selon les données du ministère de l'éducation, plus de 60 % des jeunes enseignants recrutés en 2017-2018 n'ont pas obtenu de mention au baccalauréat, contre une moyenne nationale de 55 %.

L'amélioration du niveau des enseignants, en particulier au niveau de l'école primaire, devrait être érigée en priorité stratégique pour sortir de la crise de l'école et renforcer le capital humain au Maroc. En Corée du Sud, à Singapour ou au Japon, les enseignants sont recrutés par les 5 % des élèves ayant obtenu les meilleures notes au baccalauréat (Mckinsey, 2007). Pour construire les fondations du décollage économique, le Maroc doit donc créer les conditions pour attirer les meilleurs étudiants vers les métiers de l'enseignement, les former et leur permettre une évolution de carrière motivante. C'est un investissement significatif, mais dont le rendement économique serait très bénéfique pour la compétitivité, la croissance de long terme et la cohésion sociale.

Toutefois, dans le cas du Maroc, les marges de manœuvre en la matière paraissent étroites. La capacité de l'éducation nationale à attirer de meilleurs profils vers les carrières de l'enseignement s'avère limitée en raison des conditions salariales qui resteront peu attractives et de la dégradation du niveau de l'université qui fournit l'essentiel des candidats.

En outre, la formation continue pourrait certes être renforcée, notamment dans le cadre des Centres régionaux de formation aux métiers de l'éducation, mais en tout réalisme, l'impact que l'on pourrait en attendre reste limité. En effet, la recherche académique suggère que les actions de formation continue, tels que les séminaires, les cours théoriques et les ateliers pratiques, exercent des effets positifs, mais de faible ampleur, sur les pratiques d'enseignement et sur l'apprentissage des élèves (Bruns et Luque 2014). La raison en est que les méthodes diffusées dans les centres de formation ont du mal à pénétrer dans la réalité des classes pour transformer la pédagogie exercée au quotidien. Le modèle conventionnel de développement professionnel semble donc insuffisant pour combler les lacunes des enseignants marocains.

Dans ce contexte, et pour agir en profondeur sur les pratiques pédagogiques au sein des classes, notre deuxième levier de transformation consiste à mettre en place un dispositif de *coaching* des enseignants fortement inspiré du modèle en vigueur dans la ville de Shanghai.

Peuplée de 23 millions d'habitants, Shanghai est arrivée première dans les deux derniers classements PISA, devançant tous les pays riches de l'OCDE. De nombreuses études ont été conduites depuis lors pour déceler l'origine du miracle éducatif chinois, notamment un ouvrage récent intitulé « *Chinese Lessons* » publié par le *Centre on International Éducation Benchmarking.*

Il ressort que le succès de Shanghai repose principalement sur un système de développement professionnel des enseignants, considéré comme le meilleur du monde par les experts consultés. Ce système a été institué après la révolution culturelle de Mao Zedong, qui a laissé un système éducatif délabré, marqué par la fermeture de la plupart des écoles et l'envoi des enseignants dans les champs. Après la mort de Mao Zedong, la Chine avait l'ambition de reconstruire un corps enseignant de qualité, mais sans disposer pour autant de ressources suffisantes pour sélectionner les meilleurs talents et leur offrir une formation initiale complète.

La solution trouvée a consisté à développer un système de *coaching* permettant aux enseignants d'améliorer continuellement leur pratique pédagogique, tout en long de leur carrière. Les enseignants chinois sont recrutés au niveau de la License (bac+3), avec une formation pédagogique initiale relativement sommaire. L'essentiel de la formation se déroule au sein de l'école selon une logique d'apprentissage. Les débutants commencent au bas d'une échelle de compétences comprenant 13 niveaux. Gravir les échelons jusqu'au sommet confère un grand prestige, et seuls 1000 enseignants à Shanghai peuvent se prévaloir de ce statut. Chaque apprenti est encadré par un *coach*, généralement un enseignant expérimenté, qui a été allégé de ses classes pour accompagner un petit groupe de jeunes enseignants. Pendant les deux premières années, ils observent leur *coach* donner des leçons de style, et bénéficient de ses conseils lorsqu'ils assurent à leur tour l'enseignement. Mais au-delà des débutants, tous les enseignants, à l'exception de ceux qui ont atteint le sommet de l'échelle de compétences, disposent d'un *coach* avec lequel ils s'entretiennent régulièrement de questions pédagogiques et didactiques.

Parallèlement à ce système de *coaching* individualisé, les écoles de Shanghai ont également mis en place un dispositif de *coaching* collaboratif, qui se matérialise par des réunions d'enseignants hebdomadaires. Ces rencontres visent à partager des expériences et à développer conjointement des cours, des activités et de nouvelles méthodes pédagogiques. Par exemple, les discussions peuvent porter sur les exercices les plus pertinents à donner aux élèves pour une leçon particulière, où sur les questions les plus pertinentes à poser en classe (un procédé pédagogique appelé « évaluation formative »). Les participants peuvent également solliciter l'avis de leurs collègues pour les aider à surmonter des problèmes rencontrés en classe ou pour faire progresser des élèves en difficulté. Les enseignants assistent régulièrement aux leçons de leurs collègues en tant qu'observateurs et s'échangent régulièrement des feedbacks. Cette culture de l'apprentissage en groupe et de l'observation est très ancrée dans le milieu enseignant chinois. Comme le souligne un expert du système éducatif de Shanghai :

> « *in Chinese classrooms, there always seem to be multiple adults in the classrooms, teachers observing each other, student teachers observing master teachers, and groups of*

teachers from other schools circulating among classrooms. »[1].

Une autre originalité du système réside dans le fait que tous les enseignants sont encouragés à participer à des programmes de recherche-action, et leur implication dans ces activités conditionne leur avancement dans l'échelle de compétences. Grâce à ce processus permanent d'amélioration, Shanghai a adopté de méthodes pédagogiques de pointe axées sur la résolution de problème et la réflexion critique, en avance par rapport à la plupart des autres pays.

Les résultats exceptionnels obtenus par les élèves aux tests PISA témoignent de l'efficacité de cette approche. Enfin, pour lutter contre les disparités entre quartiers, Shanghai a mis en place un mécanisme de *coaching* entre établissements, appelé « empowered management », qui permet aux écoles les plus faibles de bénéficier de l'appui des écoles les plus performantes, sous forme de conseils pédagogiques, d'échanges d'enseignants et de détachement de directeurs.

Au Maroc, la mise en place d'un tel système de développement professionnel apporterait une réponse ingénieuse au problème du manque de formation et de motivation du corps enseignant. Il permettrait de rompre avec le sentiment d'abandon que vivent de nombreux enseignants, en leur offrant un accompagnement efficace et en initiant une dynamique d'apprentissage et d'amélioration. Contrairement à la supervision assurée par les inspecteurs, qui est connotée négativement au sein de la profession, la logique du *coaching* s'inscrit dans une démarche positive, axée sur le progrès et la valorisation des éducateurs. Le rapport entre le *coach* et le *coaché* n'est pas de nature hiérarchique, il s'agit plutôt d'une relation de confiance qui vise à croiser les expériences pour co-construire des solutions pertinentes. À la différence des programmes de développement professionnel traditionnels, le *coaching* s'opère de manière continue, tout en long

[1] « Dans les classes chinoises, il semblent y avoir toujours plusieurs adultes, des enseignants s'observant mutuellement, des apprentis enseignants observant des enseignants-formateurs et des enseignants provenant d'autres écoles circulant de classe en classe. »

de l'année scolaire. Il se déroule au sein même de l'école et des classes, dans le cadre du travail quotidien de l'enseignant, ce qui permet d'observer et d'améliorer les pratiques en contexte réel. Cette prise directe avec la réalité de la classe fait du *coaching* un instrument de transformation unique, capable d'exercer un impact immédiat sur la performance de l'enseignant et son aptitude à faire progresser ses élèves. Le système de *coaching* proposé reprend également la dimension collaborative observée à Shanghai. L'avantage majeur de cette approche est d'extraire l'enseignant de sa solitude professionnelle, en l'inscrivant dans une dynamique positive de groupe, fondée sur des échanges, de l'entraide entre collègues et le sentiment de contribuer à un projet collectif au service de la réussite de chaque élève. Une telle évolution constituerait un changement radical par rapport à la culture professionnelle dominante dans la plupart des écoles marocaines, ou la notion « d'équipe pédagogique » n'a pas d'existence effective.

Le corps des *coachs* comprendrait notamment des retraités (enseignants, inspecteurs, directeurs d'école) se distinguant par leurs parcours professionnels et sélectionnés selon des critères stricts (ouverture d'esprit, appétence pour l'innovation, connaissances pédagogiques, aptitudes comportementales, etc.). La mission du *coach* est d'accompagner un groupe d'enseignants pour améliorer leur capacité à faire réussir les élèves. L'appui pourrait également bénéficier aux directeurs d'école pour développer leurs compétences en *leadership*. Les interventions du *coach* se dérouleraient tout au long de l'année, à une fréquence variable selon le niveau d'expérience de l'enseignant (on peut envisager en moyenne trois ou quatre interventions par professeur chaque année). La séance de *coaching* prend la forme d'une discussion sur les pratiques observées en classe, sur des questions pédagogiques et didactiques spécifiques et sur les stratégies à adopter avec des élèves en difficulté. Dans le cadre de ce dialogue, le rôle du *coach* est d'amener les enseignants à se poser des questions sur leur pratique tout en leur suggérant des pistes d'amélioration. Pour les enseignants débutants, le *coaching* peut être plus poussé et s'étendre par exemple à la planification du cours, à la conception des progressions et des fiches préparatoires. Le *coach* est également chargé d'aider les enseignants à intégrer les tablettes tactiles dans leur pratique pédagogique. Parallèlement aux séances d'accompagnement individuel, le *coach* profitera de ses passages à l'école pour animer des séances de *coaching* collaboratif en groupe, qui seront l'occasion de partager des expériences et de mener des discussions sur des aspects pédagogiques et didactiques.

3.3. Instaurer le soutien scolaire au sein de l'école

Au Maroc, où environ deux tiers des élèves du primaire sont en difficulté d'apprentissage (PIRLS, 2016), il n'existe pas de dispositif de soutien scolaire au sein des écoles. . En outre, une étude de dépistage réalisée en 2011 par l'AMTDA (association marocaine des troubles et difficultés d'apprentissage) auprès de 3 000 élèves a révélé que 12 % des enfants scolarisés dans les écoles publiques seraient atteint de dyslexie, alors même que l'éducation nationale ne compte aucun orthophoniste.

La prise en charge des difficultés scolaires et des troubles d'apprentissage est laissée à la responsabilité des familles. Cette situation est à l'origine de nombreuses déficiences. Elle pose tout d'abord des problèmes éthiques, quand de nombreux enseignants, au lieu de se consacrer à leur classe et à la préparation de leurs séances s'investissent dans des cours de soutien en dehors de l'école, parfois avec leurs propres élèves. Ensuite, les familles les plus modestes, souhaitant augmenter les chances de réussite de leurs enfants, les inscrivent de plus en plus fréquemment dans des cours de soutien dont l'utilité pédagogique est souvent limitée. En effet, les cours se déroulent en groupe parfois nombreux, les tuteurs sont généralement de faible qualité, et les déplacements après les heures d'écoles vers le lieu du soutien peuvent s'avérer épuisants pour les enfants.

Dans ce contexte, notre troisième levier de transformation vise à mettre en place un système de soutien destiné aux élèves en difficulté au sein même de l'école. Cette intervention est fortement inspirée du système finlandais de remédiation qui est considéré comme l'un des meilleurs du monde.

La Finlande est l'un des pays les mieux classés dans l'enquête PISA aussi bien en mathématiques qu'en lecture. Ce succès repose notamment sur un système particulièrement développé de lutte contre l'échec scolaire dès le primaire. Il s'agit d'identifier très tôt les lacunes des élèves pour éviter le cumul des retards. Chaque enfant peut bénéficier gratuitement d'un soutien et d'un accompagnement orthophonique, dont la mise en place relève de la responsabilité de son professeur. Ce dernier peut se faire seconder par un autre tuteur. Le soutien est octroyé sous forme de cours supplémentaires individuels ou en petits groupes de 5 élèves. Chaque école dispose d'un « school welfare group » chargé de planifier et de coordonner les activités de soutien. Ce dispositif de remédiation est le corollaire d'une politique visant à contenir le taux de redoublement, qui n'atteint que 2 % en Finlande.

Dans le cas du Maroc, il serait pertinent d'envisager la création, au sein de chaque école, d'un groupe de soutien aux élèves en difficulté composé des professeurs d'un même niveau d'enseignement ainsi que d'orthophonistes. Ce groupe sera chargé d'identifier très précocement les élèves qui rencontrent des difficultés et des troubles d'apprentissage. Il devra ensuite planifier des cours de soutien qui seront assurés par les professeurs eux-mêmes dans l'enceinte de l'école après les heures de cours. Les avantages de ce modèle de remédiation sont multiples. Tout d'abord, c'est un dispositif rentable, car intervenir très tôt sur des élèves exposés à un risque élevé d'échec scolaire produit des effets décisifs sur leur parcours scolaire à long terme (Heckman 2008). Ensuite, l'implication des professeurs de l'école est un gage de qualité et de continuité avec l'enseignement dispensé en classe. Aussi, le travail en groupe contribue à responsabiliser l'équipe pédagogique et à la mobiliser autour de la réussite de tous les enfants. Enfin, organiser des cours de soutien au sein de l'école permet de moraliser cette activité en évitant la pratique des cours particuliers dispensés par les professeurs des écoles publiques à leurs propres élèves.

Références

Acemoglu D. et Restrepo P., (2018). "Low-Skill and High-Skill Automation." Journal of Human Capital, Vol 12, pages 204-232.

Altinok N., (2006), « Capital humain et croissance : l'apport des enquêtes internationales sur les acquis des élèves ». Economie Publique, 18-19.

Banque Mondiale (2018), voir. Chauffour J.-P.

Barber M., Mursher M. (2007), How the world's best-performing school systems come out on top. McKinsey & Company, 56 pages https://www.mckinsey.com/industries/social-sector/our-insights/how-the-worlds-best-performing-school-systems-come-out-on-top

Bruns B., Luque J. (2014), *Great Teachers:How to Raise Student Learning in Latin America and the Caribbean* (Advance Edition). Washington, DC : World Bank. License: Creative Commons Attribution CC BY 3.0 IGO

Center on International Education Benchmarking, (2015). Chinese Lessons, http://ncee.org/what-we-do/center-on-international-education-benchmarking/

Chauffour J.-P. (2018), *Le Maroc à l'horizon 2040 : Investir dans le capital immatériel pour accélérer l'émergence économique*. Washington, DC : La Banque mondiale. DOI : 10.1596/978-1-4648-1078-7. Licence : Creative Commons Attribution CC BY 3.0 IGO, 405 pages

Conseil supérieur de l'éducation, de la formation et de la recherche scientifique (2008). Programme National d'Evaluation des Acquis Scolaires. https://www.csefrs.ma/publications/programme-national-devaluation-des-acquis-scolaires/?lang=fr.

Cunha F., Hackman J. J, (2010), "Investing in Our Young People" *Working paper 16201* Cambridge, MA : National Bureau of Economic Research.

Glewee P. (2010). "Teachers Incentives". *American Economic Journal.* Vol 2, No 3.

Hackman J. J. (2008), “Schools, Skills, and Synapses”. *Economic Inquiry,* 46 (3), 289–324. https://EconPapers.repec.org/RePEc:nbr:nberwo:14064

Hanushek, E. A., Woessmann L., (2015). *The Knowledge Capital of Nations: Education and the Economics of Growth.* Cambridge, MA : MIT Press.

Haut Commissariat au Plan (2018). *Le Maroc en Chiffres.* https://www.hcp.ma/downloads/Maroc-en-chiffres_t13053.html.

Mourji F. et Masmoudi H., (2015) « L’état de l’économie marocaine : un potentiel de développement réel, mais contraint » In : *Le Maroc au présent : D’une époque à l’autre, une société en mutation* [en ligne]. Casablanca : Centre Jacques-Berque, 2015 (généré le 04 mai 2019). Disponible sur Internet : <http://books.openedition.org/cjb/1139>. ISBN : 9791092046304. DOI : 10.4000/books.cjb.1139.

Observatoire National du Développement Humain (ONDH), (2017). *Enquête sur les indicateurs de prestation de services en éducation (IPSE) au Maroc.* http://www.ondh.ma/fr/publications/enquete-indicateurs-prestation-services-education-ipse-au-maroc

Chapitre 6
Capital humain en mal de compétences en Géosciences : le prix d'un système éducatif qui n'en finit pas de se chercher

Naima HAMOUMI*[1]

Introduction

Comme cela est enseigné de nos jours dès la classe de terminale[2] « Au-delà de la croissance économique, le développement résulte de l'interaction de plusieurs types de capital » ou ressources nécessaires pour le développement durable. Les quatre formes de ressources ou capitaux sont le capital physique (ensemble des moyens de production fabriqués par l'homme), le capital institutionnel (ensemble d'attitudes et des dispositions mentales qui favorisent la coopération dans la société), le capital naturel (ensemble des ressources naturelles utiles à l'homme et exploitables techniquement et économiquement) et le capital humain qui regroupe les capacités physiques, intellectuelles d'un individu ou d'un groupe d'individus. Ce dernier est défini par l'Organisation de

---

* Groupe de recherche ODYSSEE, Laboratoire Matériaux, Nanotechnologies et Environnement (LMNE), Centre de Recherche Sciences des matériaux, Faculté des Sciences, Université Mohammed-V, Rabat, naimahamoumi5@gmail.com

[1] L'auteure tient à remercier vivement le comité éditorial pour l'intérêt qu'il a porté à cette contribution et pour les remarques pertinentes et constructives qui ont permis de l'améliorer

[2] Fiche 3.1 : La croissance économique est-elle compatible avec la préservation de l'environnement ? http://eduscol.education.fr/cid59315/ressources-pour-les-ses-en-terminale-es.html

Coopération et de Développement Economique (OCDE) comme : « l'ensemble des connaissances, qualifications, compétences et autres qualités personnelles qui facilitent la création du bien-être personnel, social et économique[1]. Les savoirs et le savoir-faire étant acquis par l'instruction, la formation et l'expérience. Les premières analyses théoriques et empiriques du capital humain sont dues aux travaux de W/T Schultz (1960), dans une perspective macroéconomique et de G. Becker (1964) pour la perspective microéconomique. Fabricant avait, dès 1954, exprimé l'intuition du rôle du capital humain dans la croissance en écrivant : « With a given "dose" of labor and tangible capital we have learned to produce a larger and larger volume of goods for consumption and investment: output per unit of input has risen somewhat under fourfold, or about 1.7 per cent a year on the average[2] ». Depuis le lien entre la qualité du système éducatif qui favorise l'innovation et l'adaptation technologiques, ainsi que la croissance économique a été largement démontrée par les nombreuses études aussi bien théoriques qu'empiriques qui ont été menées par de nombreux économistes à travers le monde. Le capital naturel a été adopté au sommet de Rio+20 en 2012[3], il couvre tous les stocks d'actifs naturels y compris la géologie, les sols, l'air, l'eau et toutes les ressources naturelles vivantes et non vivantes, fossiles ou renouvelables, ainsi que tous les écosystèmes qui peuvent être utilisés ou impactés par les besoins de la consommation humaine[4].

Mais la vraie richesse est d'abord humaine, dans la mesure où c'est le capital humain déterminé par les compétences, le

[1] Résumé du Rapport « Du bien-être des nations, le rôle du capital humain et social », OCDE, 2001, http://www.oecd.org/fr/education/innovation-education

[22] Traduction : « Avec une "dose" donnée de main-d'œuvre et de capital matériel, nous avons appris à produire un volume de plus en plus grand de biens destinés à la consommation et à l'investissement : la production par unité d'intrant a été légèrement multipliée par quatre, soit environ 1,7 % par an en moyenne »

[3]Déclaration sur le capital naturel, http://www.naturalcapitaldeclaration.org/about-natural-capital-and-the-finance-sector/

[4]https://www.iucn.org/fr/nouvelles_homepage/nouvelles_par_theme/affaires_news/?14056/Calculating-and-valuingnatures-riches

savoir et l'expérience, qui permet de valoriser le capital naturel et de créer de la valeur dans le système économique. C'est donc par l'investissement dans le capital humain qu'un pays peut se développer et prospérer. Et ce capital humain s'acquiert et se développe par l'éducation parentale et la formation (formation initiale, formation à la recherche, formation professionnelle, formation continue, formation diplômante et non diplômante…). D'ailleurs, les pays qui sont bien classés en termes de capital humain, sont ceux dont le niveau de développement est élevé.

Le Maroc connaît un déficit en capital humain, il se place à la 98e sur les 157 pays analysés, du fait d'un système éducatif inefficace dans le classement HCI (Human Capital Index) du FMI et Banque mondiale publié en octobre 2018. Et pour cause, il souffre de défaillances et de dysfonctionnements dans tous ses niveaux et dans toutes ses composantes[1] : la formation (programmes et méthodes pédagogiques) et la gouvernance. La situation dans le domaine des géosciences, qui sont incontournables pour le développement durable, est encore plus problématique. Les filières en Sciences de la Terre et de l'Univers (LEF/STU) mises en œuvre ces dernières années, n'ont pas permis de former des profils de géologues compétitifs et directement opérationnels[2], comme cela est attesté par les difficultés que rencontrent : les recruteurs à trouver des

---

[1]- *Rapport analytique - La mise en œuvre de la charte nationale d'éducation et de formation 2000-2013 Acquis, déficits et défis* - Instance nationale de l'évaluation du système de l'éducation, de la formation et de la recherche scientifique, 2014, https://www.csefrs.ma/publications/charte-nationale-deducation-et-de-formation/?lang=fr.

- Rapport sectoriel - L'enseignement supérieur au Maroc : Efficacité efficience et défis du système universitaire à accès ouvert- Instance Nationale de l'Evaluation du Système de l'Education, de la Formation et de la Recherche Scientifique, 2018

- Rapport de la Banque mondiale 2018 sur l'éducation dans la région MENA

[2]- Résultat des évaluations internes des filières par les départements lors des demandes de renouvellement des accréditations

- Rapport de l'évaluation institutionnelle interne (gouvernance, recherche et programmes de formation) de la Faculté des Sciences de Rabat pour la période 2009-2012 en 2014

- Evaluation interne des filières LEF de la FSR lors de la journée pédagogique en 2013

- Table ronde sur le système de recherche à la FSR, Doctoriales FSR, 2013

compétences adéquates en géosciences et les lauréat-e-s des universités marocaines pour obtenir l'équivalence de leurs diplômes et poursuivre leur formation à l'étranger. Par ailleurs, la formation à la recherche et la recherche en géosciences ont également pâti de l'instauration de réformes et de restructurations, qui n'ont pas été accompagnées par les mécanismes et les procédures à même de permettre leur application de manière effective.

Compte tenu de ce constat, cette contribution se veut un plaidoyer pour la sensibilisation à la nécessité et à l'urgence d'investir dans le capital humain et le développement de la recherche scientifique en géosciences. Pour ce faire, il présente dans un premier temps un état des lieux du capital humain et du capital naturel géologique au Maroc. Ensuite dans un deuxième temps il fait un diagnostic de l'enseignement supérieur et de la recherche scientifique à l'université dans le domaine des géosciences. Enfin, il propose quelques leviers, pistes et recommandations pour la mise en place de formations pertinentes et efficientes ainsi que pour le développement de la recherche scientifique et de l'innovation en géosciences.

1. Le capital humain et naturel géologique au Maroc

Cette partie se propose de faire une évaluation du rendement du système éducatif à l'aide de statistiques relatives à l'éducation, à l'activité et au chômage et de mettre en exergue la relation entre l'éducation et la croissance économique démontrée par les travaux réalisés sur le capital humain au Maroc. Ensuite, elle présente un aperçu du capital naturel géologique du Maroc qui est insuffisamment exploité pour le développement durable

1.1. Un capital humain mal formé et non utilisé

Le Maroc a connu des transformations sociologiques, économiques et politiques profondes ces deux dernières décennies. Depuis le début des années 2000, il est le siège de grands chantiers dans différents secteurs allant du transport (ports, aéroports, autoroutes, routes voie ferrées), à l'énergie, l'électrification, sans oublier l'eau l'assainissement. Mais, en termes de capital humain, les actions et leurs effets sont moins visibles

À part l'étude de Bouoiyour. et Bennaghmouch (2002) qui soutient que l'effet du capital humain est d'autant plus faible que le niveau d'instruction est plus élevé et que ce sont les filières professionnelles qui semblent favoriser la croissance, et ce, du fait des particularités nationales, à savoir : 1) un déséquilibre important entre le système d'enseignement et la capacité d'absorption du marché du travail et 2) l'importance de la proportion des actifs sans qualification (33 % de la population active (en 1995) et près de 70 % des actifs n'ayant pas dépassés le niveau du primaire), les travaux réalisés au Maroc sur le sujet, confirment la relation entre l'éducation et la croissance et le développement humain. Ainsi, le diagnostic du Ministère de l'Économie et Finance montre bien que la croissance économique n'est pas suffisante pour relever les défis liés au développement humain et qu'elle doit être accompagnée par une politique orientée davantage vers l'emploi [1]. Par ailleurs, Haji (2011) considère que les niveaux faibles de la croissance et du développement humain sont la conséquence du rendement faible de l'éducation aussi bien sur le plan quantitatif que qualitatif et qu'en l'absence d'une reforme réelle et structurelle des systèmes d'éducation et de formation, les réformes économiques n'auront aucun impact sur le développement. De même, Chater et *al.*. (2012), soulignent que les faiblesses de l'école et de l'entreprise sont responsables de la mauvaise formation et de la mauvaise utilisation du capital humain et recommandent des réformes rapides et profondes des programmes et de la gouvernance pédagogique. En outre, la corrélation positive entre les variables du capital humain et la croissance économique est bien établie dans l'analyse économétrique pour la période 1990-2013 (Melloul et Amara 2016) et ces auteurs recommandent le renforcement des conditions favorables du capital humain, telles que la santé publique et l'éducation nationale, afin de garantir une meilleure

[1] Ministère de l'Economie et Finance, Direction des Etudes et des Prévisions financières - Capital humain et développement au Maroc: Réalités et perspectives, Document de travail n° 24, Novembre 1997

croissance économique. Enfin, l'étude réalisée par le Haut Commissariat au Plan (HCP) sur l'indice du capital humain[1] a montré qu'en plus des effets sur les revenus des individus et de leur chance d'insertion professionnelle, l'investissement dans l'éducation et la formation a des impacts sur la mobilité sociale et scolaire, ainsi que l'équité l'égalité des chances. Ainsi, en 2013, le salaire d'une personne de niveau scolaire primaire est la moitié de celui d'un salarié de niveau lycée, qui est lui-même presque deux fois (1,8) inférieur à celui du niveau supérieur. En 2013, l'augmentation, d'une année d'étude d'un salarié, améliore sa rémunération de 9,6 % en moyenne. Ce rendement s'améliore avec le niveau scolaire, il est de 0,8 % pour l'enseignement primaire, 2,4 % pour le collège, 9,6 % pour le lycée et de 11,0 % pour l'enseignement supérieur.

Le capital humain s'acquiert et se développe par l'éducation parentale et par les différents types formation formelle et l'expérience (apprentissage par la pratique ou *learning by doing*,, cf Arrow – 1962). De nos jours, dans la plupart des pays, les analyses sociologiques[2] révèlent que l'éducation parentale commence à faire défaut, la permissivité et la perte de repères caractérisent de plus en plus les parents. Les explications souvent avancées sont l'évolution de la structure familiale qui devient de plus en plus mononucléaire, la difficulté de concilier vie professionnelle et vie familiale, l'impact de l'utilisation non contrôlée de la télévision et l'internet par les enfants, etc..

Concernant le système éducatif national, tous les diagnostics nationaux et internationaux sont unanimes quant à son inefficacité et son incapacité à générer des lauréats performants depuis le préscolaire jusqu'à l'université [3]et donc à jouer

---

1 HCP- Synthèse de la mesure du capital humain au Maroc, https://www.hcp.ma/

2 cf par exemple Vesely-Lesourd, Nathalie. « L'autorité en souffrance : les difficultés d'exercice de l'autorité parentale », *Dialogue*, vol. 198, no. 4, 2012, pp. 101-110

3 Rapport analytique - La mise en œuvre de la charte nationale d'Education et de formation 2000-2013 Acquis, déficits et défis - Instance Nationale de l'Evaluation du Système de l'Education, de la Formation et de la Recherche Scientifique, 2014

pleinement son rôle pour la formation et le développement. La crise de l'enseignement a d'ailleurs constitué une préoccupation majeure au plus haut niveau du pouvoir au Maroc. En 1999, le Roi Hassan II a confié à la Commission Spéciale d'Éducation et de Formation (COSEF), la mission de construire un système éducatif capable de faire face aux défis du prochain siècle. Et dès son accès au trône le Roi Mohammed VI a confirmé la COSEF dans sa mission et il a fait de la réforme du système éducatif la deuxième priorité nationale après l'intégrité territoriale, comme en témoignent les nombreux discours royaux[1].

Les politiques menées depuis plus d'un demi-siècle maintenant, ont certes permis d'enregistrer quelques avancées sur le plan quantitatif, mais l'aspect qualitatif reste bien en deçà de ce qu'il doit être. Le Maroc s'était fixé comme objectif à l'horizon 2015 (objectifs du millénaire), la généralisation de l'alphabétisation. Mais selon le Haut Commissariat au Plan (HCP, 2017)[2], le taux d'analphabétisme des jeunes est de 11,0 % au niveau national contre 32,2 % pour l'ensemble de la population et il est de 14,8 % chez les filles contre 7,2 % chez les garçons et de 4,6 % dans le milieu urbain contre 20,1 % dans le milieu rural. En outre, en 2014, 10,1 % des jeunes de 15-24 ans n'ont aucun niveau d'instruction, 24,8 % ont le niveau primaire, 29,6 % le niveau secondaire collégial, 24,7 % le niveau secondaire qualifiant et 10,0 % le niveau supérieur. De plus, il existe des disparités flagrantes au niveau du genre :

-Rapport sectoriel - L'enseignement supérieur au Maroc : Efficacité efficience et défis du système universitaire à accès ouvert- Instance Nationale de l'Evaluation du Système de l'Education, de la Formation et de la Recherche Scientifique, 2018

- Rapport de la Banque mondiale 2018 sur l'éducation dans la région MENA

- Rapport de l'évaluation institutionnelle interne (gouvernance, recherche et programmes de formation) de la Faculté des Sciences de Rabat pour la période 2009-2012 en 2014

[1] Extraits des discours du Roi Mohammed VI Relatifs à l'Enseignement Supérieur - Ministère de l'Education nationale, de la Formation professionnelle, de l'Enseignement supérieur et de la Recherche scientifique - https://www.enssup.gov.ma

[2] Note d'information à l'occasion de la Journée Internationale de la Jeunesse, 12 août 2017

- 69,5 % des garçons ont bénéficié d'une formation dans le secondaire ou le supérieur contre 59,0 % des filles,
- 14,0 % des filles n'ont aucun niveau d'instruction contre 6,1 % de garçons,
- 22,9 % des garçons ont le niveau primaire contre 26,8 % des filles.

Il existe également des disparités et entre les milieux urbains et ruraux :

- 4,3 % des jeunes sans niveau d'instruction résident en milieu urbain contre 18,4 % en milieu rural,
- près du tiers des jeunes des villes ont le niveau du secondaire qualifiant contre 11,8 % des jeunes des campagnes,
- seuls 3,7 % des jeunes ruraux ont atteint le supérieur, contre 14,3 % des jeunes urbains.

Concernant, le taux d'activité des jeunes de 15 à 24 ans, il est de 35,2 %, dont 58,6 % de non diplômés, 27,9 % de niveau moyen et 13,5 % de niveau supérieur. De plus, il montre des disparités à la fois entre le milieu urbain et rural et au niveau des genres. Il est de 38,6 % dans les campagnes contre 32,8 % dans les villes et de 52,6 % pour les garçons contre 17,9 % pour les filles. Enfin, le taux des jeunes âgés de 15 à 24 ans qui ne sont pas à l'école et qui ne travaillent pas non plus, est de 29,3 %, dont 13 % de garçons et 46 % de filles.

De même les jeunes de 15-24 qui constituent le 1/5ème de la population sont les plus affectés par le chômage avec un taux de 26,5 % qui culmine à 42,8 % dans le milieu urbain. Le taux de chômage chez les diplômés du supérieur est de 36 %, de 58,4 % chez ceux qui sont à la recherche d'un premier emploi et de 24,4 % chez les lauréats des facultés (HCP, 2015).

1.2. Les géosciences : un capital naturel géologique insuffisamment exploité pour le développement durable

Le capital naturel géologique dont il est question ici comporte les espaces littoraux et marins marocains et leurs ressources vivantes et non vivantes, ainsi que le patrimoine géologique terrestre : sites d'intérêt géologique, gisements fossilifères, traces de vie, gisements miniers et de substances utiles, gisements d'énergies fossiles, énergies renouvelables, tous les objets et sites qui symbolisent la mémoire de la Terre et les phénomènes naturels qui la contrôlent, etc..

Le Maroc est à la fois un pays maritime et un musée naturel de la géologie et de l'histoire de la terre. Sa situation géographique dans le Nord - Ouest du continent africain, lui permet d'avoir trois façades sur des domaines marins différents, l'océan atlantique, le Détroit de Gibraltar et la mer méditerranée, qui totalisent une longueur de 3500 km et une Zone économique exclusive (ZEE), dont la surface de plus de 1 million de Km^2, dépasse largement sa surface terrestre évaluée à 710 850 km^2. Ces espaces littoraux et marins qui contribuent déjà largement à l'économie du pays (échanges commerciaux, pêche, aquaculture, tourisme) sont appelés à jouer un rôle plus important à l'avenir. Par ailleurs, ces espaces représentent également une ressource naturelle inestimable, ils constituent un réservoir important pour les ressources vivantes qui comptent 7 825 espèces (Mennioui 2001) et correspondent à des voies de passage pour de nombreuses espèces migratrices d'intérêt écologique et économique. Enfin, ces espaces qui occupent une position clef pour la compréhension des phénomènes globaux (tectonique des plaques, climat et les modèles de circulation océanique, présentent un intérêt scientifique incontestable.

Le Maroc a également occupé une situation privilégiée au cours de l'histoire de la terre qui a duré plus de 4,5 milliards d'années et c'est ainsi, qu'il comporte des séries sédimentaires remarquables par leur extension et par la qualité de leurs affleurements qui couvrent toutes les périodes géologiques allant du Précambrien à l'actuel et qu'il a enregistré tous les phénomènes géologiques ayant marqué cette histoire. Ce qui explique l'intérêt particulier qu'il suscite chez la communauté des géologues à travers le monde. En effet, le Maroc possède un patrimoine scientifique inestimable et constitue un lieu privilégié pour l'établissement des modèles de tous les types d'environnements de bassins sédimentaires et ainsi que pour les corrélations géologiques à l'échelle régionale et mondiale et pour la compréhension des phénomènes qui ont présidé à l'histoire de notre terre, tels que :

- les changements climatiques anciens et actuels,
- la tectonique des plaques : marge en distension au niveau de l'Atlantique et marge en convergence des plaques africaine et européenne au niveau du Détroit de Gibraltar et de la mer Méditerranée,
- les circulations océaniques : masses d'eaux de nature différente : eaux méditerranéennes,- eaux atlantiques et leur zone d'échange au niveau du détroit de Gibraltar,
- les volcans de boue lés à des hydrates de gaz,
- les monts carbonatés et les coraux d'eau froide.

Enfin, le Maroc possède également une grande richesse en gisements fossilifères et stratotypes[1] et une grande richesse minière (phosphates, plomb, zinc, manganèse, fer, cobalt nickel, cuivre, antimoine...), ainsi que des réserves importantes en substances utiles et des gisements de schistes bitumineux et de gaz. L'exploration minière a commencé très tôt dès l'antiquité, mais les études géologiques n'ont démarré que vers 1845 avec les travaux d'Henri Coquand (Hamoumi N, 1993). Elles se sont poursuivies dans le cadre des explorations menées par les infrastructures géologiques qui ont été créées : l'Office chérifien des phosphates (OCP), le Service des mines et de la carte géologique, le Bureau de la recherche et de la participation minière (BRPM), la Société chérifienne des pétroles (SCP) et l'Institut scientifique chérifien. La création de l'Université Mohammed V en 1957 a marqué le démarrage de la recherche géologique universitaire marocaine qui a été axée tout d'abord, sur la paléontologie, la géologie structurale et la cartographie et menée par les coopérants français. Entre 1978 et 1985, la création progressive d'autres universités a permis le développement de la géologie dans plusieurs régions du Maroc.

[1] Un stratotype est un affleurement de terrain qui sert de référence pour définir un étage géologique correspondant à un âge dans l'échelle des temps géologiques

Ce développement a été accompagné, progressivement, par de la marocanisation des ressources humaines grâce à la formation de géologues marocains d'abord à la faculté des sciences de Rabat et dans les universités françaises, puis dans les autres facultés du Royaume. Cette période est également marquée par le renouveau de la recherche avec l'introduction de la géologie marine et de nouvelles spécialités et techniques en géologie terrestre. Elle a connu aussi le développement de la recherche pétrolière avec la création de l'Office National de la Recherche et de l'Exploration Pétrolière (ONHYM).

Cependant, il reste encore beaucoup de séries géologiques non étudiées, les besoins en études paléontologiques, stratigraphiques sédimentologiques, pétrographiques et géochimiques et en cartographie géologique se posent pour de nombreuses régions du Maroc. Par ailleurs, à part le Détroit de Gibraltar qui a fait l'objet d'un programme d'investigation dans le cadre du Projet Liaison Fixe, dans les autres domaines littoraux et marins, il est aujourd'hui difficile de connaître avec précision les modes de circulation, le sens des transits sédimentaires et la dynamique sédimentaire, la topographie détaillée, la lithologie et la structuration des fonds marins ainsi que les ressources vivantes et non vivantes qui leur sont associées. En outre, la plupart des écosystèmes sont déjà dans un état de dégradation avancé (déséquilibres sédimentaires, pollution) et dans l'état actuel des connaissances de ces espaces maritimes qui constituent des zones à haut risque pour les pollutions accidentelles, il serait difficile d'avoir une stratégie efficiente de prévention, de lutte et de protection contre les marées noires, malgré l'existence d'un plan d'urgence national. (Hamoumi, 2008, 2011 et 2018).

De plus, la cartographie géologique nécessaire pour les infrastructures et l'exploration n'est pas achevée. Jusqu'en 2014, la couverture n'était que de : 36 % en cartes géologiques, 42 % en cartes géophysiques et 8, % en cartes géochimiques [1]. En outre, la stratégie de développement du secteur minier

[1] Ministère de l'Energie et des Mines et du Développement durable - Feuille de Route Nationale pour le développement des infrastructures géologiques et géothématiques - http://www.mem.gov.ma

national hors phosphates, prévoit à l'horizon 2025 la multiplication par 10 du volume d'investissement dans l'exploration et la recherche minière et le doublement des emplois générés par le secteur à plus de 30 000 emplois directs[1]. De même, selon Amina Benkhadra, Directrice Générale de l'ONHYM, le Maroc dispose de bassins sous-explorés ce qui laisse encore beaucoup de perspectives dans l'exploration pétrolière[2]. Enfin et non des moindres les écosystèmes terrestres, littoraux et marins, déjà bien impactés par les activités anthropiques qui se sont diversifiées et accrues avec le temps et par une littoralisation intensive et anarchique, constituent aujourd'hui des zones à haut risque face aux catastrophes naturelles : réchauffement climatique, séismes, tsunamis, glissements de terrain, inondations et pollutions accidentelles.

2. L'investissement en capital humain dans le domaine des géosciences

Cette partie se propose d'évaluer les investissements en capital humain en géosciences et leurs impacts. Pour ce faire, elle examinera dans un premier temps l'enseignement de ce champ disciplinaire et dans un deuxième temps, elle présentera l'état des lieux de la recherche scientifique dans ce domaine

2.1. L'enseignement des géosciences à l'Université

Le champ disciplinaire des géosciences est un des plus jeunes dans le système universitaire marocain, la première formation universitaire en géologie : « Certificat de géologie » ne date que de 1951 et les cours étaient assurés à Bordeaux jusqu'en 1954. Ce système de formation s'est poursuivi ensuite à l'Université Mohammed V par des coopérants français. Le premier géologue marocain a été recruté en tant qu'assistant en 1960, suivi par 2 autres assistants nationaux en 1972 et ce n'est qu'entre 1977 et 1981 que ce peloton a pu être renforcé par 29 assistants et maîtres-assistants. La réforme de l'enseignement supérieur de 1969 a introduit la licence pluridisciplinaire de

[1] http://www.onhym.com/
[2] https://telquel.ma/2014/06/02/

Biologie et Géologie (BG) où la géologie est alors enseignée pendant les 4 années de la licence. L'enseignement des géosciences qui n'était assuré qu'à la Faculté des Sciences de Rabat jusqu'en 1978, a pu se faire ensuite dans plusieurs régions du Maroc avec la création progressive d'autres facultés des sciences, puis des facultés des sciences et techniques et des ENS dans les universités publiques du Maroc. Par la suite, la réforme pédagogique adoptée en 1984 dans le but d'assurer une adéquation formation emploi, a instauré une licence spécialisée en géologie après le tronc commun de deux années du DEUG de Biologie et Géologie.

Par ailleurs, les géosciences ont toujours constitué le parent pauvre des autres domaines scientifiques[1]. En effet, les filières en sciences de la terre et de l'univers (STU), n'ont jamais réussi à attirer autant d'étudiant-e-s que les autres filières scientifiques. Néanmoins, et malgré, l'insuffisance des moyens, les géosciences ont connu un essor non négligeable durant les années 80 et 90, mais aujourd'hui, elles sont en perte de vitesse à l'échelle nationale et la question de la formation en géosciences, se pose avec acuité. En effet, les filières STU ne permettent plus de former des profils de géologues directement opérationnels et compétitifs, comme cela est démontré par : i) les résultats des examens qui traduisent le niveau de plus en plus faible et le manque de compétence des lauréat-e-s, ii) la difficulté d'obtention de l'équivalence des diplômes pour la poursuite des études supérieures à l'étranger et iii) les difficultés que rencontrent les sociétés minières et les bureaux d'études pour trouver des géologues de bon niveau à recruter. D'ailleurs, le suivi instauré par l'UM5A a montré que le taux d'insertion professionnelle au bout de 6 mois, n'est que de 11 % dans le cas de la filière STU[2] et depuis le problème semble s'être aggravé,

---

[1] Statistiques et Maroc universitaire Ministère de l'Education nationale, de la formation des cadres, de l'enseignement supérieur et la recherche scientifique - https://www.enssup.gov.ma/fr

[2] Rapport de l'évaluation institutionnelle interne (gouvernance, recherche et programmes de formation) de la Faculté des Sciences de Rabat pour la période 2009-2012 en 2014

De plus, les filières de géosciences (tous niveaux confondus) et l'École doctorale sont de plus en plus désertées par la population estudiantine[1] et l'offre de filières de Masters à l'échelle nationale est dérisoire et ne répond pas toujours aux besoins des organismes nationaux et des sociétés minières et pétrolières[2].

La désaffection pour les géosciences dans le système universitaire marocain n'est pas une fatalité. Elle est la conséquence de plusieurs facteurs inhérents aux politiques et réformes menées ces dernières années dans l'enseignement supérieur et la recherche, qui n'ont pas été accompagnées par les mécanismes et les procédures à même de permettre leur application de manière judicieuse, ainsi qu'à la démotivation du personnel enseignant.

2.1.1. Les réformes pédagogiques

La baisse graduelle de la qualité de l'enseignement supérieur enregistrée à partir des années 80, a atteint son paroxysme avec les réformes, qui se sont succédé à partir de l'année 2000. En effet, l'instauration du système LMD n'a pas permis d'atteindre les résultats, escomptés par la réforme pédagogique initiée en 2003[3]. Pire encore, le nouveau système, non accompagné par des procédures et des mécanismes pertinents, entièrement vidé de son esprit et mal appliqué sur le terrain, a eu des effets pervers (Hamoumi, 2010) qui se sont aggravés par la mise en œuvre des filières proposées dans le cadre des réformes qui ont suivi. La licence LEF/STU (filière de première génération) adoptée après la réforme de 2003 a été de nouveau accréditée en 2007 (filière de

---

[1] Statistiques et Maroc universitaire Ministère de l'Education nationale, de la formation des cadres, de l'enseignement supérieur et la recherche scientifique
- https://www.enssup.gov.ma/fr
- Rapport de l'évaluation institutionnelle interne (gouvernance, recherche et programmes de formation) de la Faculté des Sciences de Rabat pour la période 2009-2012 en 2014
- Table ronde sur le système de recherche à la FSR, Doctoriales FSR, 2013

[2] Descriptif des Programme des filières de géoscience accréditées affichées dans les sites des universités marocaines et cahiers des normes pédagogiques nationaux

[3] élaborée par la COSEF en 1999 et mise en œuvre par la Loi 01-00 adoptée en 2002

deuxième génération). Suite à son évaluation en 2009, elle a été remplacée dans le cadre du plan d'urgence par la licence nouvelle approche (filière de troisième génération) qui à son tour, à été remplacée par une nouvelle licence LEF/STU (filière de quatrième génération), suite à son évaluation en 2013, qui s'éloigne encore plus de l'esprit du processus de Bologne sur la base duquel a été initiée la réforme pédagogique de 2003. Ces différentes reformes n'ont fait que reproduire voire même aggraver les problèmes existants : insuffisance des formations pour le renouvellement des compétences, des taux de réussite toujours très faibles (10 % dans le meilleur des cas), des taux d'absentéisme et d'abandon toujours importants, une mobilité des étudiants handicapée par la rareté des passerelles à l'échelle nationale et l'insuffisance des prérequis pour les universités étrangères.

Par ailleurs, les conditions de travail et d'encadrement des activités pédagogiques ont été affectées par plusieurs facteurs qui sont, selon le rapport de l'évaluation institutionnelle interne[1] :

- la non-appropriation de la réforme pédagogique par la plupart des enseignant-e-s,
- le manque de moyens humains et matériels et de moyens de transport pour les travaux pratiques (TP) et les travaux de terrain (TT),
- l'absence de coordination pédagogique entre les enseignant-e-s d'un même semestre et de semestres différents,
- le désengagement concernant la programmation des travaux et stages de terrain, sous prétexte de la massification,
- le désengagement des enseignant-e-s vis-à-vis des tâches et des mécanismes qui étaient institués dans les départements avant la réforme pédagogique : les commissions pédagogiques dans les différentes disciplines, la

[1] - Rapport de l'évaluation institutionnelle interne (gouvernance, recherche et programmes de formation) de la Faculté des Sciences de Rabat pour la période 2009-2012 en 2014
- Evaluation interne des filières LEF/STU par le département de géologie
- Journée pédagogique de l'AIPU Section Université Mohammed V- Agdal en 2013
- Evaluation interne des filières LEF de la FSR lors de la journée pédagogique en 2013

responsabilité des collections d'enseignement, du matériel d'enseignement (microscopes loupes) et de l'atelier de lames minces,

- la surcharge de travail, engendrée notamment l'augmentation du nombre de copies à corriger du fait croissante des effectifs et du mode d'application du système LMD,
- le désengagement pour la création de nouvelles filières en géosciences (LP Masters)

2.1.2. Les problèmes et les dysfonctionnements des filières LEF/STU

En plus de l'existence de contenus erronés ou dépassés et de lacunes dans les enseignements pratiques et théoriques, ou de la non-accessibilité à tous les étudiant-e-s de modules optionnels bien que fondamentaux pour la formation, les différentes filières misent en œuvre souffrent de problèmes et dysfonctionnements graves. Ils relèvent de l'architecture et la durée de la formation, des compétences des formations, du volume horaire, des modules transversaux, du projet de fin d'étude (PFE, PT), des principes d'encadrement et des méthodes pédagogiques et, enfin, des procédures d'évaluation des étudiant-e-s/

L'architecture et la durée de la formation

La réduction à trois ans du premier niveau (licence) du système LMD et la semestrialisation dont l'intérêt n'est d'ailleurs, pas démontré, ont été à l'origine d'une réduction drastique des enseignements de géosciences qui a été accentuée par le temps pris pour les évaluations ainsi que la réduction du nombre des modules de géosciences et de leur charge horaire. Ainsi, les enveloppes horaires des modules et du programme sont passées respectivement de 120 h et 1359 h dans la licence LEF/STU 2003 à 80h et 1237,5 h dans licence LEF/STU 2009 et à 48 h et 1152 h dans la licence la LEF/STU 2014. Cette réduction du temps de formation en présentiel, ne s'est pas pour autant traduite par un investissement des étudiant-e-s dans le travail personnel, pire encore, elle a eu des conséquences sur la qualité et l'efficience des enseignements pratiques (TD, TP et TT). Par ailleurs, la spécialisation introduite par la licence LEF/STU 2003 qui a montré ses limites, a été accentuée par l'introduction des parcours dans la licence LEF/STU 2009 et des options dans la licence LEF/STU 2014.

Les compétences des formations

Le DEUG ne permet pas d'accéder à une passerelle ou à un débouché dans les domaines utilisant les géosciences. En effet, il n'offre aucune formation conséquente dans les disciplines fondamentales des géosciences, tant sur le plan du contenu des éléments et des modules, que de leur volume horaire. Ce volume, qui ne représentait que 18,4 % du volume total des enseignements dans le cas de la licence LEF/STU 2003, reste toujours faible et n'atteint même pas les 50 % dans les licences LEF/STU 2009 et LEF/STU 2014. De plus, les enseignements pratiques sont insuffisants et les travaux de terrain inexistants. Par ailleurs, les règles adoptées pour la progression des étudiants (prérequis exigés pour le passage aux semestres supérieurs), handicapent la possibilité de s'arrêter au DEUG.

Le premier palier effectif reste la licence, cependant, la plupart des filières proposées, répondent difficilement aux besoins des nombreux débouchés annoncés. Et de ce fait, ne sauraient ni susciter l'intérêt des employeur-e-s, ni convaincre les étudiant-e-s qui sont au fait des exigences du marché de l'emploi. En effet, les dysfonctionnements qui caractérisent les programmes proposés, ainsi que les formes d'apprentissage, les méthodes pédagogiques et les procédures d'évaluation, ne permettent pas de former de vrais profils de géologue directement opérationnel. En particulier, en géologie structurale et cartographie, sédimentologie, paléontologie, minéralogie, métallogénie, etc. Les programmes proposés souffrent d'une insuffisance en disciplines fondamentales de base et d'une spécialisation ou d'une professionnalisation très précoce et insignifiante. En outre, la spécialisation au niveau des parcours de la licence LEF/STU ne prépare pas toujours au Master et dans certains cas, elle constitue même un handicap pour y accéder. De même, l'introduction de modules ou d'éléments de géologie appliquée dans les parcours, n'est pas suffisante pour donner à la formation un caractère professionnel. Bien au contraire, ces filières lacunaires en disciplines de géologie fondamentale de base et en stages professionnels, saupoudrées de notions de géologie appliquée, dont le choix ne répond parfois à aucune logique, et sans aucune formation effective aux méthodes de laboratoire et de terrain, constituent plutôt un handicap pour l'insertion directe dans la vie active. Par ailleurs, elles ne peuvent en aucun permettre aux lauréat-e-s des facultés de concourir avec ceux des écoles d'ingénieurs, et pour cause en plus de bénéficier du label « Ingénieur » qui est plus prisé dans le marché de l'emploi, les lauréat-e-s des écoles, ont une formation conséquente en géologie appliquée et des cursus bien connus et reconnus. Enfin, ces programmes sont loin de permettre une équivalence notamment avec les diplômes européens (un des objectifs du LMD). Et ce, pour de nombreuses raisons telles que : des lacunes dans les modules disciplinaires, l'incohérence des programmes de spécialisation, l'insuffisance des applications pratiques, la non-maîtrise de la langue française et la méconnaissance de l'anglais.

L'insuffisance et le déséquilibre du volume horaire

Il y a un déficit des enseignements de géologie dans le tronc commun avec la filière sciences de la vie (SVI), les deux premiers semestres comportent seulement un demi-module en S1 et un module en S2. Le volume horaire dédié à la géologie ne permet même pas d'inculquer les fondements de cette discipline et encore moins d'organiser des enseignements pratiques qui se tiennent. Ainsi, dans la licence LEF/STU 2009, il n'était prévu qu'une seule séance de TP pour traiter les fossiles de toutes les ères géologiques dans l'élément Géologie I (S1). Par ailleurs, dans la licence LEF/STU 2014, aucune séance de TP de paléontologie n'était programmée dans l'élément Géologie I (S1), et le module Géologie et Géodynamique (S2), ne comptait que 2 séances de TP pour les déterminations macroscopiques des roches magmatiques et métamorphiques et une seule séance de TP pour la classification et la détermination de toutes les roches sédimentaires. De plus, dans le module Stratigraphie-Paléontologie (S3) le temps consacré à la taphonomie[1] et la paléoécologie est vraiment insignifiant (1/2 séance) et dans le module M14 Sédimentologie (S4), le volume horaire est insuffisant pour traiter correctement à la fois, la pétrologie sédimentaire et les environnements sédimentaires actuels et anciens. Par ailleurs, dans le module M22 Sédimentologie (S4), il est programmé de dispenser en 48h 3 disciplines de la sédimentologie qui nécessitent chacune 90h pour être traitées correctement. De même, dans le module M21 Sédimentologie (S4), le programme de TD et de TP est trop ambitieux pour le volume horaire prévu.

Les incohérences pédagogiques

La difficulté d'intégration de la logique du système modulaire ainsi que l'absence d'une vision claire et d'objectifs précis des semestres S5 et S6 y compris les parcours et les options de toutes les filières LEF/STU, dont l'élaboration n'a été fondée ni sur des profils prédéfinis, ni à travers une réelle coordination, se sont traduites par une incohérence dans l'architecture et le contenu des programmes. De plus, les règles de l'ingénierie pédagogique, à savoir : l'approche programme, la cohérence verticale, la cohérence horizontale entre modules et les principes de la démarche interdisciplinaire, n'ont pas été respectés dans l'élaboration des programmes. Par ailleurs, certains modules, souffrent d'un manque de pertinence et d'une incohérence entre les objectifs et le contenu et les méthodes d'enseignement et d'évaluation. Les parcours élaborés dans une totale déconnexion avec l'environnement socioéconomique, ont été un échec total, ils ont abouti à des formations tronquées et entraîné une spécialisation précoce très fragile avant l'acquisition des fondements de base qui a été aggravée par le non-respect des prérequis nécessaires et exigés lors de l'inscription dans les semestres.

[1] Discipline de la paléontologie et de l'archéologie qui étudie la formation des gisements fossiles et tous les processus qui interviennent depuis la mort jusqu'à la fossilisation d'un organisme (y compris des pollens fossile, étudiés. https://fr.wikipedia.org/wiki/Taphonomie

Les modules transversaux

Les modules transversaux n'ont eu aucun impact sur l'amélioration des compétences en langues, communication et méthodologie de travail[1]. Le niveau linguistique de la grande majorité des étudiant-e-s, reste en deçà du minimum requis aussi bien pour la communication que pour une assimilation et une restitution adéquates des enseignements disciplinaires. Le module informatique de la première année de la licence n'apporte rien non plus à une génération qui vit déjà connectée..!.Par ailleurs, ces modules occupent un volume horaire important, équivalent à un semestre sur les quatre du tronc commun, et ce aux dépens des modules disciplinaires. De plus, l'évaluation de ces modules, qui ont les mêmes coefficients que les modules disciplinaires, déguise les résultats du semestre du fait des possibilités de compensation.

Le projet de fin d'études (PFE, PT) et l'élément Entrepreneuriat

Le PFE avait la valeur d'un module et était dédié à un stage de terrain qui ne se faisait pas toujours dans la filière LEF/STU2003, il a eu ensuite la valeur de deux modules, dont un élément était consacré à la culture entrepreneuriale dans la filière LEF/STU2009 et puis il est devenu « Projet tutoré », équivalent à deux modules dont un enseignement portant sur le fond documentaire et la méthodologie dans le cas de la filière LEF/STU2014. Mais dans tous ces cas, le PFE n'a jamais pu remplir son rôle[2]. D'une part, il n'était confié aux étudiant-e-s

---

[1] - Rapport de l'évaluation institutionnelle interne (gouvernance, recherche et programmes de formation) de la Faculté des Sciences de Rabat pour la période 2009-2012 en 2014

- Evaluation interne des filières LEF/STU par le département de géologie

- Journée pédagogique de l'AIPU Section Université Mohammed V- Agdal en 2013

- Evaluation interne des filières LEF de la FSR lors de la journée pédagogique en 2013

[2] - Rapport de l'évaluation institutionnelle interne (gouvernance, recherche et programmes de formation) de la Faculté des Sciences de Rabat pour la période 2009-2012 en 2014

- Evaluation interne des filières LEF/STU par le département de géologie

qu'au 6e semestre et souvent dans des délais non raisonnables et d'autre part, il portait le plus souvent sur une synthèse bibliographique. Par ailleurs, la note accordée à ce projet de fin d'étude ne reflète ni l'effort ni les capacités personnelles de l'étudiant-e -, elle est souvent surestimée, même dans le cas de mémoire dont le contenu est en partie ou en totalité plagié. L'élément « Entrepreneuriat » n'a pas non plus profité aux étudiant-e-s car il n'était pas dispensé selon les règles de l'art. Cet élément était souvent improvisé en l'absence de ressources humaines spécialisées dans le domaine et sa compatibilité avec les objectifs des formations, n'était pas toujours évidente.

Les principes d'encadrement et les méthodes pédagogiques

Les principes d'encadrement privilégient la transmission des connaissances à la formation. Ainsi les géosciences qui sont des disciplines dynamiques, fondées sur la compréhension des phénomènes naturels et qui devraient constituer un moyen d'acquisition de compétences telles que : l'esprit d'observation et d'analyse, ainsi que la capacité d'interprétation et de modélisation, sont souvent enseignées comme un catalogue d'informations et de concepts qui inhibent tout effort d'attention et de compréhension. Par ailleurs, les modes d'enseignement restent limités aux activités pédagogiques classiques : cours (le plus souvent dictés), TD et TP. Enfin, l'instauration des polycopiés ne favorise ni l'enseignement participatif et actif, ni l'apprentissage de la prise de notes.

De plus, les travaux et stages de terrain qui sont une composante essentielle et incontournable pour la formation au métier de géologue, puisqu'ils permettent l'illustration des cours, l'apprentissage en profondeur des techniques de terrain, une réelle appropriation des connaissances et la motivation pour les géosciences, sont souvent entièrement vidés de leur esprit. Ils sont menés la plupart du temps selon une démarche non participative où les phénomènes géologiques sont juste

---

- Journée pédagogique de l'AIPU Section Université Mohammed V- Agdal en 2013
- Evaluation interne des filières LEF de la FSR lors de la journée pédagogique en 2013

présentés et expliqués de manière abstraite à un groupe important d'étudiant-e-s dont la majorité ne capte rien. Le stage de terrain programmé en S4 n'est pas toujours organisé ce qui constitue une lacune très grave dans une formation en géoscience. Ce stage qui doit être consacré à la réalisation d'une étude géologique d'un secteur à l'aide de levés de coupes lithostratigraphiques et de la cartographie géologique, est remplacé par des visites de terrain

Les procédures d'évaluation des étudiant-e-s

La première réforme LMD avait instauré un système d'évaluations avec 2 contrôles continus (CC), 1 contrôle final (CF) et une session de rattrapage (CR) et cette fréquence des évaluations a engendré une lourdeur du système et la perte d'un temps précieux (6 semaines) qui était pris sur celui de la formation. Par ailleurs, la difficulté d'intégration de la logique du contrôle continu, organisé et planifié comme un examen partiel, et les modes d'évaluation, qui restent basés sur une restitution faisant appel à la mémorisation, ne permettent ni d'apprécier l'effort continu de l'étudiant et l'évolution de ses aptitudes et de ses compétences ni d'inciter sa motivation et son assiduité. De plus, dans ce système qui privilégie la diplomation aux dépens de la formation et de la compétence, les possibilités de rachat et les validations par compensation, qui sont offertes, ne favorisent pas l'excellence chez les étudiant-e-s. Ainsi, beaucoup arrivent à réussir grâce à la compensation avec les notes des modules LCI, sans avoir les bases nécessaires dans le bloc disciplinaire de la filière

2.2. La recherche universitaire en géoscience

Seront présentées successivement le bilan des réformes de la recherche scientifique, les moyens humains et financiers dans l'enseignement et la recherche en géoscience.

2.2.1. Les réformes de la recherche scientifique

Malgré les enjeux et les défis qui se posent et malgré l'intérêt des géosciences pour le développement durable, les politiques nationales n'ont jamais su inscrire la recherche scientifique dans le cadre d'une stratégie cohérente et intégrée et assurer sa promotion et la valorisation de ses résultats. Après l'indépendance et surtout à partir de 1975, la recherche scientifique s'est mise en place dans l'université marocaine de manière spontanée et sans qu'elle soit organisée par un texte. Elle a pu se développer durant près de 22 ans dans des conditions inouïes : absence de politiques de recherche et moyens insuffisants, voire inexistants.

Ainsi, durant les années 80 et 90, les géosciences ont connu un grand essor à travers, la réalisation de nombreuses études géologiques dans le cadre de travaux de thèse d'état et de thèse de troisième cycle, une production scientifique conséquente, l'organisation de manifestations scientifiques internationales et nationales et la mise en place de projets de corrélations géologiques internationales (UNESCO/IUGS IGCP) et de programme de coopération scientifique avec les pays européens. La formation à la recherche réalisée dans le Certificat d'études approfondies (CEA), Diplôme d'études supérieures approfondies (DESA), Diplôme d'études supérieures spécialisées (DESS) et Formations doctorales. Elle a permis de former un vivier de géologues dont une partie a intégré les universités marocaines ou les départements ministériels, les offices et les sociétés minières et d'autres ont créé leur propre entreprise (bureau d'étude, société).

Mais aujourd'hui, les géosciences sont en perte de vitesse à l'échelle nationale. Les réformes mal réfléchies et l'institutionnalisation de la recherche qui n'a pas été accompagnée par les mécanismes et les procédures à même de permettre son application de manière judicieuse, n'ont pas tellement profité au système puisqu'à partir de 2001 on a enregistré une baisse de la production scientifique[1], en particulier au niveau de la qualité et de la quantité des thèses et des mémoires de master, une redondance des programmes de DESA, DESS, de Master et des projets de recherche. Cet

[1] - Rapport de l'évaluation institutionnelle interne (gouvernance, recherche et programmes de formation) de la Faculté des Sciences de Rabat pour la période 2009-2012 en 2014
- Table ronde sur le système de recherche à la FSR, Doctoriales FSR, 2013

essoufflement de la recherche scientifique est lié à un déficit et une démotivation des ressources humaines. En effet, lorsque le Maroc disposait de géologues avérés et motivés il n'a pas su les encourager et leur donner les moyens pour se renforcer.

2.2.2. Le capital scientifique et technique en géoscience

Le nombre de chercheurs actifs, qui ne représente qu'un faible pourcentage de l'ensemble des enseignant-e-s chercheur-e-s, n'a pas pu s'étoffer du fait de la quasi absence de recrutement à l'université depuis de nombreuses années, de la baisse drastique du nombre de doctorant-e-s et du délestage de la composante féminine. Le manque d'enjouement des étudiant-e-s à préparer des thèses de doctorat en géosciences s'est amplifié depuis que la possibilité leur a été donnée d'accéder à l'échelle 11 avec le diplôme du DESA, DESS et du Master, mais il reste lié également à d'autres facteurs :

- la rareté et la faiblesse des bourses de soutien,
- les problèmes matériels, telles que : la difficulté d'accéder à un hébergement dans les cités universitaires et la cherté de la vie qui poussent la plupart des doctorant-e-s à chercher un travail, ce qui n'est pas sans incidence sur la durée de la thèse et la qualité de la formation,
- l'investissement « Temps » nécessaire pour la recherche en géosciences qui nécessite une durée plus importante que les autres champs disciplinaires. Ainsi, la réalisation d'un travail de thèse en géosciences passe d'abord par l'étude du terrain (longue et fastidieuse) qui peut se faire en plusieurs missions et dont la durée est fonction du sujet, des conditions météorologiques ainsi que des moyens matériels et de transport disponibles, suivie par les analyses de laboratoire qui peuvent nécessiter également beaucoup de temps et parfois des séjours dans des laboratoires étrangers,
- la difficulté de respecter les délais pour la soutenance du fait de l'investissement « Temps », précité et de l'obligation de publier deux articles dans des revues

indexées avant la soutenance, ce qui n'est pas évident quand on connait les lignes éditoriales des revues indexées en géologie qui n'acceptent que les articles sur des questions globales ou régionales ou sur les grandes synthèses dans le cas des sujets locaux.

Les femmes géologues sont également sous représentées, et ce bien que le pourcentage des filles dans les filières de géosciences soit souvent plus important que celui des garçons. De plus, elles se raréfient au fur et à mesure de la pyramide du parcours professionnel, malgré qu'elles aient fait partie des premiers pelotons de géologues universitaires (Hamoumi, 2016). Par ailleurs, les rares postes qui ont été ouverts, n'ont pas toujours tenu compte des besoins en spécialités et compétences et ce malgré le déficit en ressources humaines dans les disciplines de base des géosciences qui est en train de s'aggraver avec les départs à la retraite.

En outre, la recherche scientifique en géoscience n'a jamais été considérée dans les politiques de développement et souffre du manque de moyens matériels. Ainsi, en plus des problèmes que rencontrent tous les chercheurs-e-s en général tels que : le manque ou la faiblesse du financement pour le fonctionnement des laboratoires, l'assistance technique, la mobilité à l'étranger et les difficultés et les lenteurs administratives pour l'utilisation des budgets alloués, se pose le problème de la prise en charge des missions de terrain et de l'insuffisance des véhicules de terrain pour les géologues.

Par ailleurs, l'engagement et la motivation des chercheur-e-s, qui constituent le moteur essentiel pour une recherche de qualité, ont été ébranlés au cours des dernières années par des conditions de travail inadéquates et par les réformes du système national de la recherche scientifique, tels que :

- le déficit de la bonne gouvernance et des mesures de contrôle et de réglementation
- les nombreuses promotions et bonus ayant permis des avancements fulgurants n'exigeant aucune production scientifique,

- les procédures et mécanismes pour le recrutement et pour la promotion rapide, en particulier, la grille d'évaluation qui a été souvent taillée sur mesure pour désavantager les chercheur-e-s actif/ves,
- l'inexistence d'une politique nationale pour le développement des géosciences,
- l'inexistence de voix pour faire la promotion des géosciences et du métier de géologue universitaire, aussi bien dans les sphères décisionnelles et la société civile que dans les institutions universitaires et celles de l'enseignement secondaire,
- la difficulté de publier du fait de l'absence de revues nationales dans la plupart des disciplines, du coût de la publication dans certaines revues étrangères, de la concurrence internationale dans les thématiques d'actualité et du manque d'intégrité de certains membres des comités de lecture,
- la non-implication des géologues universitaires dans les grands programmes de développement nationaux, même le plan de cartographie géologique national (PNCG), qui aurait pu constituer un moyen pour capitaliser le savoir-faire de l'université et se faire à moindre coût, tout en favorisant la formation et l'embauche des jeunes géologues, a été mené avec des sociétés étrangères, les rares universitaires marocains qui ont pu participer à ce programme, l'ont fait dans le cadre de la sous-traitance,
- la stagnation de la carrière pour les PES ayant atteint le grade C qui a engendré une baisse des activités chez les géologues non animés par une passion pour leur discipline ou non impliqués dans des programmes internationaux.

Enfin, la dégradation du capital scientifique en géoscience dans les universités marocaines a été largement induite par les manquements aux principes et à l'éthique universitaire aux fins de la quête de la visibilité et de la course à la promotion rapide, tels que :

- la perversion de l'esprit de la thèse et de la recherche en géosciences par les géologues qui se sont convertis au géotourisme,
- le manque de reconnaissance et le manque d'esprit d'équipe dans la communauté scientifique,
- la complaisance des jurys de thèse, des commissions de recrutement et d'avancement, des commissions d'accréditation (formations et projet de recherche) et des évaluateur-e-s en général,
- la pratique du plagiat de plus en plus fréquente,
- la course par de nombreux chercheur-e-s à la figuration dans les publications, les projets, les comités d'organisation et scientifiques des congrès, etc.. , et ce même dans les thématiques qui sont loin de leur spécialité et de leurs compétences
- la non-citation des travaux des pairs.

Conclusion

À l'issue de ce chapitre, qui après une analyse de l'état de l'enseignement et de la recherche en géosciences au Maroc, puis des développements qui relèvent de la didactique dans ce vaste champ disciplinaire, quelques remarques de synthèse peuvent être avancées. C'est ainsi qu'il apparait que le Maroc dispose d'un capital humain faiblement utilisé dans le domaine des géosciences et d'un capital naturel géologique insuffisamment exploité pour le développement durable. Aujourd'hui, il semble que le système éducatif est l'un des maillons faibles au Maroc. Pour une gestion optimale du présent et du futur, le rôle économique et sociétal des géosciences est essentiel. Et ce d'autant plus que des enjeux et des défis majeurs d'ordre scientifique, socioéconomique et environnemental se posent dans le cadre du réchauffement climatique, du choix stratégique national pour un développement économique et humain inclusif.

Références

Arrow K. J. (1962) « The Economic Implications of Learning by Doing », *Review of Economic Studies,* vol. 29,-155 173

Becker, G. S. (1964). *Human Capital, A Theoretical and Empirical Analysis*, Columbia University Press for the National Bureau of Economic Research, New York, p.187

Bennaghmouch S. et Bouoiyour J. (2002). Capital humain et croissance économique au Maroc https://www.researchgate.net/publication/50197735, p.28

Chater M., Tahraoui, M.et Lyamani Y. (2012). Quelle contribution du capital humain à la compétitivité globale du Maroc ? Rapport IRES, Rabat, p.171

Fabricant S. (1954). Economic Progress and Economic Change, National Bureau of Economic Research., cité par Le Chapelain Ch. et Matéos S. (2016), Theodore Schultz figure centrale de la révolution du capital humain https://charlesgide2016.sciencesconf.org/86212/document

Haji R., (2011). *Éducation, croissance économique et développement humain : le cas du Maroc*, Mémoire de Maîtrise, Université du Québec Montréal, p. 142

Hamoumi N.. , (2018). La marge marocaine du Détroit de Gibraltar : État des connaissances - Stratégie pour une protection et une valorisation dans le cadre d'un développement durable - en cours de publication, dans les *Actes de la Rencontre internationale sur le thème "Le Détroit de Gibraltar : Enjeux, Défis et Approches des acteurs"* Edit. IRES, Maroc

Hamoumi N., (2017). L'évaluation des enseignements et des formations par les étudiant-e-s (EEE et EFE) : une initiative vers la démarche qualité dans l'enseignement supérieur *Actes du 3e Colloque international sur l'enseignement supérieur : études paramétriques et outils d'aide à la décision dans l'enseignement supérieur,*

Hamoumi N., (2016). Quelle place pour les femmes scientifiques dans le système universitaire au Maroc ?

Actes du Colloque international genre et développement humain, in genre et developpement humain, Edit N. El Moujaddidi, 163-206

Hamoumi N., Hassikou R., Rahali Kh. et Youssfi L., (2014). L'autoévaluation institutionnelle pour la période 2009-2012 : un processus dans la politique de démarche qualité à la Faculté des Sciences de Rabat. *Actes du 26e colloque de ADMEE Europe : Cultures et politiques de l'évaluation en éducation et en formations*, 1-6

Hamoumi N., (2011). Les géosciences marines : un outil stratégique non exploité dans les politiques de développement durable au Maroc. *Conférence Méditerranéenne Côtière et Maritime*, Tanger, Maroc, 335-338, URL : http://www.paralia.fr/cmcm/e02-70-hamoumi.pdf

Hamoumi N., (2010). Pour une efficience de la reforme dans les filières scientifiques et une meilleure articulation entre les filières en sciences de la terre et l'environnement socio-économique. *Revue Prospectives universitaires*, Université Mohammed V-Agdal, Rabat. N°2, 17-43.

Hamoumi N.,. (2008). Les sciences de la mer : un outil stratégique pour le développement durable au Maroc., *Revue prospectives universitaires*. Revue de l'Université Mohammed V-Agdal, Rabat. N°1, 199-219

Melloul A. et Amara F., (2016). Le capital humain et la croissance économique marocaine : une analyse économétrique par le modèle vecteur autorégressif (VAR), *Revue d'Etudes en Management et Finance d'Organisation* REMFO, N°4, p 18.

Menioui M.. (2001). Biodiversité marine et côtière in *Stratégie et plan d'action pour la conservation et l'utilisation de la biodiversité*, Département de l'environnement/PNUE, pp. 1-21

Schultz, T.W. (1963). *The Economie value of education,* New York and London, Columbia University Press, 1963, 92 p 3

Schultz, T.W. (1960) Capital Formation and Education. *Journal of Political Economy,* University of Chicago Press.68, 571-571

Chapitre 7
Institutions, Développement et Croissance. L'inclusivité comme condition à la soutenabilité institutionnelle

Philippe GILLES[1],
Yusuf KOCOGLU[2]

Introduction

Lorsque Fernand Braudel (1985, p. 67) traite de la dynamique du Capitalisme, il met en avant que "Privilège du petit nombre, le capitalisme est impensable sans la complicité active de la société. Il est forcément une réalité de l'ordre social, même une réalité de l'ordre politique, même une réalité de civilisation", d'où la conclusion qu'"il y a des conditions sociales à la poussée et à la réussite du capitalisme. Celui-ci exige une certaine tranquillité de l'ordre social, ainsi qu'une certaine neutralité, ou faiblesse, ou complaisance de l'État." (*ibid.*, p. 77). Ce cadre d'analyse, adopté ici, nécessite l'affirmation de deux postulats :

- d'une part, la contingence des lois et des systèmes économiques associée à la prégnance de l'histoire, "l'histoire massive et structurale évoluant lentement au fil de la longue durée" (*ibid.*, p. 11), d'où l'inadéquation et

[1] Doyen de la Faculté des Sciences économiques et de gestion., (Université de Toulon), LEAD (EA 3163)
[2] Vice-Président délégué aux Finances de l'Université de Toulon., LEAD (EA 3163)

le rejet de toute conception déterministe à vocation universelle d'un supposé modèle (infaillible) de Développement ;

- d'autre part, les causes ultimes des processus historiques qui conduisent à la prospérité sont à rechercher dans les "institutions", au sens de North, Wallis, Weingast (2010)[1], qui structurent les incitations qui guident les comportements humains desquels résulte l'efficacité économique.

Cette interaction s'inscrit dans le lien entre les formes d'organisation politique et les processus d'accumulation et de répartition économiques, dès lors que "les luttes ayant pour objet le pouvoir, les revenus ou (de manière indirecte) les institutions apparaissent comme une constante dans toutes les sociétés" (Acemoglu, Robinson, 2015, p. 529). En outre, les croyances des individus socialisés relatives aux comportements d'autrui avec lesquels ils sont en interaction répétée sont le produit de l'accumulation de capital humain qui dépend, certes, de l'expérience acquise dans les relations sociales, les organisations et les réseaux, mais également, et surtout, de l'éducation. Celle-ci permet, alors, non seulement d'impacter positivement la productivité des facteurs de production, d'accroitre la capacité à produire et à assimiler des innovations et des nouvelles méthodes de production, mais également de former des citoyens[2], plus impliqués dans le domaine politique,

---

[1] "Les institutions dictent les "règles du jeu", les modèles d'interaction qui régissent et canalisent les relations entre individus. Les institutions incluent des règles formelles, des lois écrites, des conventions sociales, des codes de conduite informels et des croyances communes sur le monde, ainsi que des moyens de faire appliquer les règles" (*ibid.*, 37).

[2] Cette idée de l'éducation comme formation à la citoyenneté, condition à la pratique des vertus civiques fondamentales "dans toute société civilisée et avancée en industrie" était déjà contenue dans le Livre V de la *Richesse des Nations* d'A. Smith : "un peuple instruit et intelligent est toujours plus décent dans sa conduite et mieux disposé à l'ordre (...) chaque individu a plus le sentiment de ce qu'il vaut et des égards qu'il a droit d'attendre de ses supérieurs légitimes, par conséquent il est plus disposé à les respecter. Le peuple est plus en état d'apprécier les plaintes intéressées des mécontents et des factieux ; il en est plus capable de voir clair au travers de leurs

garantissant des droits politiques impersonnels, une plus grande transparence des institutions structurant les processus décisionnels, et l'émergence de partis politiques et d'organisations économiques.

Le monde qui en résulte s'affirme, en conséquence, sous le signe de l'inégalité, inégalement répartie, entre, d'une part, pays nantis et pays en développement, et, d'autre part, entre privilégiés et non privilégiés. Notre adhésion à cette conception, et en l'absence de véritable alternative sociétale au Capitalisme dans l'immédiat, conduit à appréhender la problématique du Développement, au moyen de deux idées force :

- la primauté du cadre institutionnel quant à l'accession des pays et de leurs habitants à la prospérité ;
- la pérennité d'un tel ordre ne peut se concevoir que dans la recherche (et la réalisation) d'une équité dans la répartition des gains et des efforts.

i) Si l'on entend les institutions comme les règles et les normes susceptibles d'encadrer et de conditionner les comportements citoyens et économiques des individus et de leur permettre, sans discrimination, de saisir les opportunités et de nourrir de véritables ambitions individuelles et collectives, alors le dépassement et la résolution de la plupart des problèmes économiques rencontrés par un pays nécessitent un préalable, la restitution du pouvoir confisqué par une petite "élite" qui s'est enrichie aux dépens du reste de la société, de mettre fin au "règne d'une élite privilégiée (…) qui a organisé la société à son

---

déclamations ; par cette raison, il est moins susceptible de se laisser entraîner dans quelque opposition indiscrète ou inutile contre les mesures du gouvernement." (1776, Livre V, chap. I, section 3, dans 1991, p. 412). "An instructed and intelligent people (…) are always more decent and orderly than an ignorant and stupid one. They feel themselves, each individually, more respectable, and more likely to obtain the respect of their lawful superiors, and they are therefore more disposed to respect their superiors. They are more disposed to examine, and more capable of seeing throught the interest complaints of faction and sedition, and they are, upon that account, less apt to be misled into any wanton or unnecessary opposition to the measures of government." (1776 dans 1874, 618). Pour un développement, *cf.* Gilles (2018, 65-69).

profit et au détriment de la majorité du peuple [où] le pouvoir politique, très concentré, a permis d'enrichir grassement ceux qui l'exercent" (Acemoglu, Robinson, *op. cit.*, p. 19). De cette restitution du pouvoir doit résulter un cadre institutionnel garantissant la stabilité et la continuité, susceptibles de faire émerger des talents particuliers porteurs de dynamiques sociale et économique, et d'influer sur les comportements et les motivations dans le sens d'une amélioration simultanée du capital humain, du capital physique, de la technologie et des institutions elles-mêmes. Cette problématique renvoie, principalement, à la distinction entre "institutions inclusives" *vs* "institutions extractives", les premières, dans le cadre du Capitalisme, système dynamique par nature, animé par "l'ouragan perpétuel de destruction créatrice" (Schumpeter, 1990, p. 117) fait d'innovations et de progrès technique, s'imposant sur les secondes en termes de croissance, de prospérité et, plus généralement, de Développement, objet de notre première partie.

ii) La viabilité d'un tel système nécessite une condition de second ordre, la nécessité d'un État considéré comme légitime (compétition politique) par sa population, donc susceptible d'être un fournisseur-assureur d'homogénéité sociale (ou de réduction des inégalités). Dans ce cadre, les institutions doivent permettre de partager les bénéfices de la participation au marché (compétition économique) et, simultanément, réduire les risques individuels par l'éducation, la protection sociale, et les Biens et Services publics. Ce questionnement, objet de notre seconde partie, s'inscrit dans la logique keynésienne d'un capitalisme *organisé* favorisant la gestion collective de la lutte contre la corruption, de la préservation des droits individuels et collectifs, de l'assurance de services et de biens publics, et de promotion de l'égalité des chances. Comme le souligne John Maynard Keynes, dans *La fin du laisser-faire* (1926 dans 2009, p. 161), "Pour ma part, j'estime que le capitalisme, à condition d'être sagement conduit, est probablement capable d'être rendu plus efficace dans la poursuite d'objectifs économiques que tout autre système actuellement en vue, mais qu'il est en soi extrêmement condamnable à bien des égards. Notre problème consiste donc à élaborer une forme d'organisation sociale qui soit aussi efficace que possible sans être un outrage à ce que nous concevons comme un mode de vie satisfaisant". La viabilité d'un tel système nécessite, alors, que "l'écart entre l'idéal et la réalité ne soit pas tel qu'il décrédibilise l'égalité et l'intégration sociale [dès lors que] les citoyens ne peuvent croire en l'égalité que si leurs croyances trouvent un ancrage minimal dans la réalité" (North, Wallis, Weingast, *op. cit.*, p. 180). Nous verrons, dans ce cadre problématique, la nécessité de dépasser le "maximum d'ophélimité" au sens de Vilfredo. Pareto (1909), afin de concilier, dans la durée, l'intérêt des personnes et l'intérêt général.

1. Institutions, Croissance inclusive et Développement

À côté des dotations factorielles naturelles (géographie, configuration des territoires, ressources naturelles, climat) et culturelles et religieuses (homogénéité *vs* diversité culturelles, valeurs collectives [holistes] *vs* individualistes, ouverture au monde, tolérance *vs* intolérance à la corruption, confiance, désir de collaborer) (Facchini, 2008) qui permettent de *faciliter* (ou non) les actions humaines et les décisions sociales, et dont "la détection et l'analyse de ces espérances permettent de mieux comprendre l'évolution des sociétés" (Hirschman, 1980, p. 118), la légitimité d'un Régime passe par la ferme conviction qu'il résoudra certains problèmes et permettra aux acteurs sociaux de réaliser leurs espérances exprimées et d'enregistrer les effets désirés (*ibidem*). C'est, en conséquence, la nature des institutions économiques, sociales et politiques, qui expliquent, fondamentalement, les écarts de développement entre les pays dès lors qu'elles structurent les motivations et influent sur les comportements des entreprises, des individus et des politiciens dans le sens d'une minimisation des espérances déçues, pour les plus efficaces. Ainsi, "les institutions économiques structurent les motivations économiques (...) C'est un processus politique qui détermine les institutions économiques que chacun doit respecter ; ce sont les institutions politiques qui déterminent le fonctionnement de ce processus (...) Et cette possibilité détermine à son tour une question cruciale : les politiciens sont-ils les agents (même imparfaits) des citoyens, ou sont-ils en mesure d'abuser des pouvoirs qu'on leur a confiés (ou qu'ils ont usurpés) pour s'enrichir et servir leurs propres intérêts au détriment de l'intérêt collectif ?" (Acemoglu, Robinson, *op. cit.*, 64).

Il y a donc une étroite imbrication, une "fertilisation croisée" entre l'économique et le politique, de laquelle résultent la prééminence du droit (de l'abolition du "droit divin" et des privilèges au respect du droit de propriété), la nature démocratique (ou non) de la société, la capacité et le pouvoir dévolus à l'État afin de réglementer et de gouverner, la distribution du pouvoir et la capacité de contraindre (dissuader) certains groupes d'agir collectivement en vue d'intérêts catégoriels et de promouvoir (inciter), *a contrario*, des initiatives porteuses de prospérité partagée. Ce processus de transition de longue durée, incrémental, progressif, non irréversible et non linéaire (*i.e.* marqué par l'adversité voire le conflit [des luttes de pouvoir jusqu'aux guerres civiles], les aléas de l'histoire, la contingence, les ruses des élites qui "consentent" à certaines réformes afin de se maintenir au pouvoir, les moments critiques, *etc.*) se démarque du lien causal *quasi* automatique entre démocratie et croissance prôné par la théorie de la modernisation de Lipset (1959) selon laquelle la prospérité, l'amélioration des conditions de vie (revenus, éducation) permise par la croissance, élèvent naturellement les exigences citoyennes en termes de démocratie, de droits de l'Homme, de libertés civiques et de respect des droits de propriété. En outre, l'examen de l'histoire, notamment contemporaine, nous montre, au moyen de l'exemple chinois par exemple, que des Régimes autoritaires à croissance économique soutenue ne sont pas, au contraire de la thèse de Lipset, devenus plus démocratiques ; il en va de même, en sens opposé, concernant les trajectoires dictatoriales suivies par l'Allemagne et le Japon, pays parmi les plus riches et les plus industrialisés du début du XXe siècle. Enfin, contrairement à ce que sous-tend la théorie de la modernisation, la croissance autoritaire ne produit pas naturellement de la démocratie ou des institutions inclusives dès lors que les élites concernées ne promeuvent la croissance qu'à l'exclusivité de leurs seuls intérêts et afin de consolider leur main mise sur le pouvoir politique, d'où la conclusion que le modèle autoritaire, même producteur de croissance, n'est ni souhaitable ni viable à long terme.

Considérant ce qui précède, la grille d'analyse retenue ici consiste à spécifier la nature et le fonctionnement des "institutions" ("inclusives" *vs* "extractives") au sens d'Acemoglu et Robinson (2015) ou des "ordres sociaux" ("ordres d'accès limité" ou "État naturel" *vs* "ordres d'accès ouvert") au sens de North (1982) et de North, Wallis et Weingast (2010) qui ont, dans l'histoire, assuré (empêché) le Développement économique, dans le contexte de "destruction créatrice" du Capitalisme, tel que défini par Schumpeter[1]. C'est "l'ouragan perpétuel de destruction créatrice (*ibid.*, 117, 121), déjà minutieusement décrit par Marx dans *Le Manifeste communiste*[2], qui caractérise le Capitalisme, et toute institution (publique et privée) doit, bon gré mal gré, s'y adapter, s'appliquant aussi bien à la politique qu'à l'économie. Ainsi, l'agrégation et l'interaction des intérêts économiques est en perpétuelle reconfiguration sous l'effet de l'innovation et de

---

[1] "Le capitalisme constitue, de par sa nature, un type ou une méthode de transformation économique et, non seulement il n'est jamais stationnaire, mais il ne pourrait jamais le devenir (...) l'impulsion fondamentale qui met et maintient en mouvement la machine capitaliste est imprimée par les nouveaux objets de consommation, les nouvelles méthodes de production et de transport, les nouveaux marchés, les nouveaux types d'organisation industrielle - tous éléments créés par l'initiative capitaliste (...) L'ouverture de nouveaux marchés nationaux ou extérieurs et le développement des organisations productives, depuis l'atelier artisanal et la manufacture jusqu'aux entreprises amalgamées, constituent d'autres exemples du même processus de mutation industrielle (...) qui révolutionne incessamment de *l'intérieur* la structure économique, en détruisant continuellement ses éléments vieillis et en créant continuellement des éléments neufs. Ce processus de *Destruction Créatrice* constitue la donnée fondamentale du capitalisme." (Schumpeter, 1990, 115-117, Schumpeter souligne).

[2] "La bourgeoisie ne peut exister sans bouleverser constamment les instruments de production, donc les rapports de production, donc l'ensemble des conditions sociales (...) Ce qui distingue l'époque bourgeoise de toutes les précédentes, c'est le bouleversement incessant de la production, l'ébranlement continuel de toutes les institutions sociales, bref la permanence de l'instabilité et du mouvement." (1848 dans 1965, 164).

l'ouverture, imposant aux Politiques, garants de l'intérêt général, de proposer des compromis dès lors qu'il devient difficile de manipuler des intérêts particuliers ou de préserver des rentes clientélistes.

Partant, "puisque nous avons affaire à un processus dont chaque élément ne révèle ses véritables caractéristiques et ses effets définitifs qu'à très long terme, il est vain d'essayer d'apprécier le rendement de ce système à un moment donné - mais on doit juger son rendement à travers le temps" (*ibid.*, 117). Dans ce contexte, la réflexion institutionnaliste se conçoit comme une recherche des conditions qui permettent la performance à long terme, comme "dénouement d'une tranche d'histoire ancienne" (*ibidem*). Il s'avère, alors, que l'histoire de longue durée nous enseigne que les "institutions inclusives" au sens d'Acemoglu et Robinson (2015), *grosso modo* les "ordres sociaux d'accès ouvert" au sens de North, Wallis, Weingast (2010), qui protègent, dans un contexte de compétition démocratique, la stabilité des droits de propriété et l'exécution des contrats, qui permettent (et encouragent) l'esprit d'initiative (individuelle et collective), et les opportunités de créer et d'innover, ce qui stimule l'épargne, l'investissement, la prise de risques et le progrès technique, qui transforment les privilèges personnels en droits impersonnels, qui visent à partager les bénéfices de la participation au marché tout en réduisant (assurant) les risques individuels par les Biens publics tels que l'éducation et la santé[1], valorisent le capital humain et permettent la croissance et la prospérité à long terme. *A contrario*, les "institutions extractives" au sens d'Acemoglu, Robinson (2015), *grosso modo* les "États naturels" ou "ordres sociaux d'accès limité" au sens de North, Wallis, Weingast (2010), incapables de protéger l'universalité des droits de propriété et d'apporter des motivations favorables à l'innovation (absence d'éducation et d'opportunités sociales pour la population), qui protègent les intérêts acquis en

[1] Pour North, Wallis, Weingast (2010, 194), les Biens publics s'inscrivent comme une "promotion de l'égalité et de la solidarité" et sont indispensables aux "ordres d'accès ouvert" dans la mesure où "en amortissant les risques individuels, ils diminuent le coût de la participation au marché et la probabilité d'une réaction hostile contre les marchés en temps de crise."

imposant des barrières à l'entrée tant économiques que politiques, basées sur l'exploitation par une petite oligarchie d'une main-d'œuvre abondante et corvéable à merci, donc une "élite" qui organise la société à son profit, au détriment de la très large majorité de sa population (d'où le présupposé implicite que les individus ne sont pas égaux), et qui a tout à perdre d'un changement économique et politique, empêchent, à dessein, l'éclosion de nouvelles idées et la manifestation du processus schumpétérien de destruction créatrice, véritable menace pour les organisations économiques et politiques dominantes et leur modèle de rentes, et ce, d'autant que la destruction créatrice appliquée au système politique non démocratique ne permet guère de protéger les droits des perdants.

Cette dichotomie institutionnelle "inclusives" *vs* "extractives" peut être rapprochée, *via* l'éducation et le capital humain en tant que "persuasion explicite", de celle de Galbraith contenue dans son "Anatomie du pouvoir" (1983 dans 2007, 21-195), entre, respectivement, le pouvoir persuasif, auquel les individus adhèrent (par l'incitation), et le pouvoir dissuasif ou rétributif, auquel les individus sont assujettis (par la menace ou par la récompense). Dans ce cadre, l'inclusivité permet de renouer avec les conclusions des modèles d'Uzawa (1965) ou de Lucas (1988) selon lesquelles, le niveau de production étant fonction du stock de capital humain (accumulation des connaissances et du savoir-faire -*learning by doing*-, éducation, bien-être), la croissance ne peut être durable qu'à la condition d'un capital humain susceptible de se développer sans entraves. En effet, il est, intuitivement, aisé de montrer que, dans un cadre schumpétérien de "destruction créatrice", plus le stock de capital humain d'une personne (d'un pays), associé à la productivité des facteurs de production, est important, et plus le revenu de cette personne (ce pays) est élevé, causalité renforcée par la stimulation et la généralisation de l'incitation à l'activité innovatrice, d'où une amélioration globale des taux de croissance et des "bien-être" individuel et collectif, par la diffusion des connaissances et la "convergence sélective" des pays producteurs d'innovations ou, *a minima*, perméables à celles-ci (Aghion, 2002, 471). Partant, l'inclusivité alourdit le coût d'une faible réputation (*i.e.* éducation) par la performance salariale et les menaces du déclassement voire du chômage, d'où le renforcement des incitations à s'éduquer, dans un *continuum* intergénérationnel (Galor, Zeira, 1993). *A contrario*, dans les institutions extractives, les individus n'ont aucune incitation à investir dans leur réputation (*i.e.* leur éducation) dès lors que la seule ligne de démarcation sociale est du type appartenance (ou non) à l'oligarchie, dans un cadre *quasi* statique puisque "l'élite" délaisse les activités innovantes au profit exclusif de la quête de rentes existantes (*rent seeking*). Le reste de la population n'est pas incitée à se lancer dans l'entrepreneuriat et l'innovation, voire contrainte au *statu quo* ; l'appauvrissement culturel du plus grand nombre (explicite par l'exclusion à l'éducation, ou implicite par le "conditionnement scolaire" -*i.e.* la censure de toute critique [donc l'apologie] des "conceptions régnantes de l'ordre économique et social existant" (Galbraith, 2007, 56)-), générateur de "docilité" voire de "servilité", œuvrant à la pérennité du système.

On comprend, dès lors, pourquoi les "institutions extractives" peuvent perdurer malgré une instabilité politique chronique : la concentration du pouvoir par l'oligarchie l'incite à maintenir et développer des institutions économiques pour leur propre bénéfice, et à utiliser les ressources ainsi obtenues (voire la croissance de celles-ci encouragée par les "élites" dès lors qu'elles en accaparent les fruits), pour consolider leur emprise sur le pouvoir politique. Simultanément, l'oligarchie s'enrichissant au détriment du reste de la population, la convoitise est exacerbée chez de nombreux groupes ou individus qui se battent pour "prendre sa place", les luttes ayant pour objet le pouvoir, les revenus ou les institutions, étant consubstantielles aux sociétés extractives. Comme le soulignent North, Wallis, Weingast (*op. cit.*, 45), "la coalition dominante est une organisation adhérente (dont aucune tierce partie n'assure le respect des règles), la paix ne va pas de soi, mais dépend de l'équilibre des intérêts générés par le processus de création de rentes. La violence et la guerre civile sont toujours en puissance." En définitive, les "institutions extractives" sont stables pour une oligarchie donnée (où l'ascension sociale opère par le biais de réseaux clientélistes), mais non statiques dès lors qu'aucune coalition dominante n'est permanente. Partant, ces sociétés sont exposées à des chocs et à des bouleversements faiblement prévisibles, en interne par des dissensions au sein de la coalition (luttes de pouvoir, factions, successions), ou l'émergence d'autres coalitions concurrentes (coups d'État, guerres civiles, conflits ethniques), en externe, par la rigidité de ces institutions face à des variations imprévisibles des prix relatifs, des aléas climatiques ou l'apparition de voisins hostiles, par exemple, dans un contexte général peu propice aux compromis (corruption, notamment de l'appareil judiciaire, absence de séparations des pouvoirs, incapacité de l'État à tenir ses engagements en faveur de solutions politiques, *etc.*). L'instabilité politique chronique fausse alors le processus de compétition en empêchant les partis de devenir des organisations pérennes et en "dissuadant" toute opposition politique organisée et publique. Dès lors, quelles conditions permettraient la transition d'un système "extractif" à un système "inclusif", qui inciteraient les "élites" à abandonner leurs privilèges exclusifs et personnels au profit de droits impersonnels équitables ; autrement dit, sachant que la non-démocratie donne la préséance aux "élites" et que la démocratie est la règle pour les groupes les plus nombreux, en l'occurrence les citoyens, pourquoi les "élites" consentiraient-elles à instaurer la démocratie au sein de laquelle elles sont perdantes ?

Acemoglu et Robinson (2015) avancent une interprétation convaincante selon laquelle les "élites" ne cèdent une partie du pouvoir que parce qu'elles ont peur de totalement le perdre, privilégiant la concession au risque de la révolution. Partant, la crédibilité (sincérité), même contrainte, de ce partage du pouvoir (*i.e.* le consentement du plus grand nombre à l'accepter comme tel) nécessite, simultanément, une traduction institutionnelle de cette volonté par des réformes démocratiques. Comme le résument North, Wallis, Weingast (2010, 291, 293), "dans la logique de la transition, les élites comprennent qu'il est dans leur intérêt de protéger leurs privilèges en les convertissant en droits [lorsqu'elles] se rendent compte que ces privilèges seront à l'abri de la compétition qui les oppose s'ils sont définis comme des droits communs plutôt que comme des prérogatives personnelles", les droits élitaires pouvant alors s'étendre à des segments plus larges de la population. Cette "prise de conscience" qui caractérise la transition vers la mise en œuvre d'institutions inclusives nécessite un processus d'*empowerment* c'est-à-dire "le fait qu'un individu ou un groupe accède au pouvoir de transformer la société" (Acemoglu, Robinson, 2015, 560). La finalité de ce processus est de mettre en œuvre des institutions inclusives qui permettent et favorisent la participation des citoyens animés de croyances valorisant l'égalité et la solidarité, d'une part, au système politique afin d'exprimer leurs choix dans un cadre où les partis politiques se disputent le pouvoir au moyen d'élections concurrentielles, d'autre part, au système économique afin de participer aux activités économiques en fonction de leurs compétences, ce qui requiert la protection de la propriété privée, un système judiciaire impartial, des services publics garantissant un espace protégé propice aux échanges et à l'établissement de contrats, des Biens publics facteurs de nouvelles opportunités (éducation, infrastructures) permettant de répartir les bénéfices du marché et d'en limiter les risques individuels ; autrement dit, l'instauration d'un État de droit garantissant des droits impersonnels à tous les citoyens et impartiaux, nécessaire au fonctionnement des marchés et à la participation au processus de destruction créatrice.

Voilà présenté le scénario idéal d'*empowerment* qui, pour être intelligible, s'inscrit dans le temps long, une histoire "qui cultive entre autres la longue durée, mais néglige l'événement" (Braudel, 1987, 20) où on connait, déjà, "le mot de la fin" (*ibid.*, 27), mais "lorsqu'il s'agit du monde actuel qui s'offre à nous comme une série de possibles, distinguer les grands problèmes, c'est essentiellement imaginer le mot de la fin, discerner, entre tous ces possibles, ceux qui triompheront demain." (*ibidem*). Qu'advient-il, alors, si la performance économique du Capitalisme est mesurée à l'échelle d'une vie intelligible, celle d'un individu ? Face à cette interrogation, Schumpeter (1990, 196-7) répond que "l'hostilité grandit" : "il apparaît que la prise de conscience raisonnée de la performance économique du capitalisme et des espoirs que l'on est en droit de fonder sur lui supposerait de la part des non-possédants une abnégation quasi-inhumaine. En effet, cette performance ne ressort que sur le plan d'une perspective lointaine : tout argument pro-capitaliste doit être fondé sur des considérations à long terme. À court terme, ses superbénéfices et ses inefficacités se profilent au premier plan (...) Pour s'identifier au système capitaliste, le chômeur contemporain devrait faire complètement abstraction de son propre destin et le politicien contemporain devrait faire litière de ses ambitions personnelles. Les intérêts à long terme de la société sont si profondément incrustés dans les couches supérieures de la société bourgeoise que le peuple est tout naturellement porté à les considérer comme les intérêts exclusifs de cette classe."

Ces préoccupations économiques et sociales ayant trait à l'inégalité sont bien résumées par Galbraith (1986, 101) lorsqu'il écrit que "l'homme du commun ne bénéficiait pas nécessairement d'un progrès à long terme" mettant en avant la répugnance des riches à renoncer à la jouissance pleine et entière de leurs biens, déclinant ainsi, à l'exception de quelques "excentriques", l'invitation qui leur était faite de partager leur fortune avec ceux qui en sont dépourvus. Ces interrogations nous conduisent à définir quelles sont les conditions qui permettent la soutenabilité (*i.e.* la viabilité à long terme) d'un système où les institutions inclusives produisent, également, de la grande pauvreté et des inégalités devenues, pour beaucoup de nos concitoyens, inacceptables.

2. Soutenabilité institutionnelle, Inclusivité et Pareto-optimalité

Le Capitalisme, fondé sur l'exploitation, est, par nature, inégalitaire puisque "pour exister et pour dominer, il faut à la classe bourgeoise une chose essentielle : l'accumulation de la richesse entre les mains de particuliers, la formation et l'accroissement du capital ; la condition du capital, c'est le salariat [qui] repose exclusivement sur la concurrence des travailleurs entre eux [où] la propriété privée, est l'expression ultime, l'expression la plus parfaite du mode de production et d'appropriation fondé sur des antagonismes de classes, sur l'exploitation des uns par les autres." (Marx, 1848 dans 1965, 173, 175). Ce régime de propriété caractérise, pleinement, les fonctionnements institutionnels décrits précédemment, avec évidence pour les "institutions extractives" qui créent (et confortent) des rentes par le biais de privilèges exclusifs comme, avec subtilité, pour les "institutions inclusives" qui érodent ces rentes (sans les supprimer) et les transfèrent à d'autres catégories sociales par le biais de la compétition.

La pérennité de ces systèmes s'inscrit, alors, dans le dénominateur commun de la préservation de ces rentes, des intérêts acquis, d'où la thèse de Marx posée dans *Le manifeste*, selon laquelle "tous les mouvements du passé ont été le fait de minorités ou ont profité à des minorités" (Marx, *op. cit.*, 172). Dans le cadre des "institutions exclusives", la limitation et la défense de l'exclusivité de l'accès au pouvoir et aux ressources, non seulement engendre des rentes par l'intermédiaire de privilèges, mais également les confortent en les rendant plus productives par le biais des réseaux clientélistes (Keefer, Vlaicu, 2005) qui lui sont inféodés (et redevables dès lors que les promotions sociales restent sous son égide) et, par là même, garantissent son accès limité. Par exemple, le maintien des Caisses de stabilisation après les indépendances a permis d'aggraver la "spoliation des cultivateurs (...) non pour financer des services publics comme les routes ou l'instruction, mais pour accumuler des richesses, enrichir ses affidés et acheter des soutiens politiques" (Acemoglu, Robinson, 2015, 419), avec, comme facteur aggravant, la désincitation des agriculteurs à investir, à améliorer la productivité agricole et à préserver les sols, sachant que, parallèlement, la famine peut être un instrument politique afin d'affaiblir les opposants et renforcer la "cohésion" de l'oligarchie. De même, une armée puissante est susceptible de menacer l'oligarchie en place, d'où le choix, soit de l'affaiblir en réduisant ses effectifs au "profit" d'une privatisation de la Défense (des intérêts concernés) par le recrutement de paramilitaires (ou, dans la même lignée, corrompre des magistrats et/ou truquer des élections), ce qui accélère le déclin de l'autorité de l'État et renforce l'attractivité et l'appartenance à l'"élite politique", soit de l'"adouber" au sein de la coalition en la rendant éligible à certains privilèges. Simultanément, la "convoitise" (*cf. supra*) alimentée par le caractère absolu du pouvoir et l'accumulation de richesses favorise des luttes de pouvoir oligarchique voire provoque des guerres civiles sans modifier, pour autant, la nature extractive du régime, mais substitue, dans cette continuité (pérennisation) institutionnelle, une oligarchie par une autre animée des mêmes desseins. Dans ce cadre, seule une Révolution ou un soulèvement populaire massif contre ces inégalités, le chaos politique et/ou face à la menace d'un épuisement visible de la rente (*i.e.* les "printemps arabes" et, aujourd'hui, l'Algérie, par exemple) sont susceptibles de rompre cette loi d'airain des "institutions extractives".

La dynamique vertueuse en termes de prospérité des "institutions inclusives" est fondée sur la prééminence de l'État de droit (*rule of law*)[1], tant du point de vue de la délimitation et de la séparation constitutionnelle des pouvoirs que de la garantie d'une répartition pluraliste du pouvoir politique de même que, incidemment, de contre-pouvoirs (médias) au sein de la société. Sur cette base nécessaire au fonctionnement des marchés, ont pu émerger puis prospérer "un espace social" et "une nouvelle classe qui s'appuyait sur ses performances individuelles réalisées sur le terrain économique [attirant] sur ce terrain les fortes volontés et les esprits vigoureux" (Schumpeter, 1990, 171), capables de saisir et de concrétiser "les chances qui s'offrent aux initiatives et investissement nouveaux" (*ibid.*, 155), qui nourrissent le système capitaliste *via* le processus de "destruction créatrice" (*cf. supra*) et la fonction entrepreneuriale[2]. Il en résulte, dans la durée, un accroissement

[1] même si Pareto (1909, 477) nous indique que "le droit a toujours eu, et aura toujours, des théories propres à favoriser les intérêts de la classe dominante".

[2] "le rôle de l'entrepreneur consiste à réformer ou à révolutionner la routine de production en exploitant une invention ou, plus généralement, une possibilité technique inédite (production d'une marchandise nouvelle, ou nouvelle méthode de production d'une marchandise ancienne, ou exploitation d'une nouvelle source de matières premières ou d'un nouveau débouché, ou réorganisation d'une branche industrielle, et ainsi de suite) (...) C'est à ce genre d'activités que l'on doit primordialement attribuer la responsabilité de "prospérités" récurrentes qui révolutionnent l'organisme économique, ainsi que des "récessions" non moins récurrentes qui tiennent au déséquilibre causé par le choc des méthodes ou produits nouveaux. La mise en œuvre de telles innovations est difficultueuse et constitue une fonction économique distincte, en premier lieu, parce qu'elles se détachent des besognes de routine familières

des richesses, une distribution plus égalitaire des revenus, la possibilité de négociations concertées et la réalisation de contrats plus équitables, de même que l'accès à l'éducation permet, simultanément, de rompre avec la culture séculaire de la pauvreté à laquelle les gens se sont potentiellement résignés, et à fournir les ressources humaines essentielles à cette percée économique. La prospérité qui en découle, permet alors des politiques visant à favoriser un partage des bénéfices de la participation au marché (fiscalité redistributive) et de réduire les risques individuels (Biens et Services publics). Partant, la crédibilité (consentement à la participation) et la soutenabilité (viabilité à long terme, capacité de surmonter des crises, adaptation) de ce système nécessite que l'écart entre l'idéal de ce scénario et la réalité (le vécu) des citoyens permette, avec des chances raisonnables, la concrétisation des croyances d'égalité et de solidarité qu'ils expriment (ou ressentent). Cette dernière dimension, qui revient à tester l'équité dans la répartition des gains et des efforts, et la capacité du système à corriger d'éventuels déséquilibres, peut se résumer à la mesure de "l'équilibre social" de Galbraith (1986, 14), c'est-à-dire l'équilibre entre l'offre des biens publics et des biens privés, afin que soient évitées la coexistence de l'opulence privée et de la misère publique, et la pauvreté au sein de l'abondance. Or, potentielle victime de son succès, la prospérité recherchée puis obtenue dans certains pays par ces "institutions inclusives" de type capitaliste conduit au fait, largement observé, "que plus les gens s'enrichiront, et plus l'indifférence politique à l'égard des pauvres ira croissant", autrement dit, que "l'opulence grève nos capacités de compassion éclairée" (Galbraith, 1986, 22, 25).

Il en résulte plusieurs faits stylisés susceptibles de remettre en cause la soutenabilité de ce système.

i) L'abandon du "soutien économique à l'élément le plus pauvre de la population" (*ibid.*, 8) peut conduire à l'accroissement du nombre de pauvres faisant craindre pour la

---

à quiconque et, en deuxième lieu, parce que le milieu économique y résiste par des moyens divers selon les conditions sociales." (Schumpeter, 1990, 180).

pérennité du système. Notons que c'est, également, cette crainte qui a conduit les riches (dotés de quelque perspicacité) de créer l'État providence (revenu minimal, sécurité sociale, Biens publics). Cependant, ce cadre actuel de protection et de redistribution sociales est, au-delà des contraintes budgétaires publiques et du coût de son fonctionnement, en crise en raison même de sa finalité. Puisqu'il visait la généralisation du bien-être par la réduction des inégalités et la protection des plus pauvres, à mesure qu'on approche de ce résultat, de plus en plus de personnes enregistrent une amélioration substantielle de leur situation économique (*i.e.* les "classes moyennes"), renouant *ipso facto* avec des "réflexes" individualistes, jusqu'à ne plus voir (voire nier) la pauvreté moins nombreuse. Comme il s'agit de citoyens actifs (*i.e.* des électeurs votants), ils influencent par leurs votes les politiques visant au désengagement de l'État, en adoptant des comportements politiques associés à l'opulence : protéger son patrimoine et son "train de vie", minimiser ses impôts et à travers eux les préoccupations (besoins, nécessités) de ceux qui sont restés pauvres. Dans ce cas, cette gestion économique par la dénégation de la pauvreté, pourrait mettre suffisamment de gens en danger économique pour que la satisfaction économique née de l'opulence s'en trouve menacée, par les urnes ou dans la rue.

ii) La détérioration de l'équilibre social, autrement dit la dégradation des services publics parallèlement à un accroissement des richesses et des dépenses privées (*ibid.*, 14-16). Cette détérioration résulte, en partie, du glissement du pouvoir politique aux mains des riches (et négligents sur le plan social), ayant tendance à prendre leurs distances par rapport aux problèmes des pauvres. Cela a conduit cette population aisée à une volonté de se désengager et de se soustraire au coût de ces services publics (optimisation voire évasion fiscale) d'une importance vitale pour les pauvres (éducation, santé, culture, transports, protection). Par un effet de substitution opportuniste, les riches s'offrent l'équivalent privé de ces services par le biais d'acquisitions personnelles, ce qui contribue à la paupérisation des Biens et Services publics, de même qu'au creusement des inégalités (santé et éducation à "deux vitesses", "fractures territoriales").

iii) L'acuité de cette perception du creusement des inégalités et de déclassement social est fonction de la conjoncture économique (*ibid.*, 7-8). En période de haute conjoncture (situation de "plein emploi"), les individus à faible probabilité de perte d'emploi et dont les revenus progressent se soucient peu de savoir que d'autres, avec ou sans justification, disposent de (beaucoup) plus de revenus qu'eux. En situation de basse conjoncture (chômage élevé), les individus menacés par la perte de leur emploi, dans un contexte de précarité et de baisse des salaires, sont alors amenés à songer au sort plus enviable des favorisés. Comme le souligne Pareto (1909, 552), à propos des crises, "l'homme ressent vivement ses maux, et oublie facilement les biens dont il a joui. Il lui semble que ceux-ci lui sont dus, et que ceux-là le frappent à tort. Les maux de la période descendante de la crise agissent fortement sur l'imagination de l'homme, et il oublie les avantages qu'il a réalisés pendant la période ascendante." Cet argument n'est pas éloigné de la réflexion de Galbraith (1986, 8), selon laquelle "pour être pertinente, une comparaison doit être établie non pas vis-à-vis de ce qu'ont les autres, mais vis-à-vis de la position économique antérieure du sujet - c'est l'amélioration par rapport à l'année précédente qui compte". Partant, l'exacerbation des tensions et des inquiétudes (*i.e.* le risque de déclassement) font que "l'inégalité redevient une question importante." (*ibidem*).

La conjugaison de ces différents risques conduit les individus les plus fragiles à voir leurs croyances et leurs désirs sociétaux se fracasser sur le mur de leurs réalités, par la remise en question des capacités du système à promouvoir l'égalité et la solidarité, avec, de manière avérée ou ressentie, une répartition des bénéfices du marché inéquitable (inique ?), un insuffisant amortissement des risques individuels, un accroissement du coût de la participation au marché, d'où une probabilité croissante de réaction hostile contre le système, notamment en temps de crise qui exacerbe ces positions. Cet "indicateur de vulnérabilité" rejoint la "théorie de l'équilibre social" de Galbraith (1986, 240-256), selon laquelle "la ligne de démarcation entre notre zone de richesse et notre zone de pauvreté est en gros celle qui sépare les biens et services produits et commercialisés par l'initiative privée, et les services rendus par le secteur public." Une autre façon d'aborder cet "équilibre" renvoie à "la position du maximum d'ophélimité" au sens de Pareto (1909, 502)[1]. Cette recherche consiste à trouver le schéma institutionnel (l'ordre social) qui, fournissant le cadre des décisions (*i.e.* les "liaisons" pour Pareto) des agents à l'origine de leurs comportements (*i.e.* les "mouvements" pour Pareto)[2], sera susceptible de procurer "le maximum de bien- être à une collectivité" (*ibid.*, 617), c'est-à-dire d'augmenter "le bien-être de tous les individus de la collectivité [sachant] que la nouvelle position est plus avantageuse à chacun d'entre eux (…) Mais si au contraire ce mouvement fait augmenter le bien- être de certains individus et diminuer celui d'autres, on ne peut plus affirmer qu'il est avantageux à toute la collectivité." (*ibidem*).

Cette spécification "manichéenne" du type "gagnants" *vs* "perdants" pose le problème économique simple des "gains" *vs* "pertes" enregistrées par les individus, soit le critère traditionnel de la pareto-optimalité qui permet de discriminer entre deux configurations :

> "1° Certains mouvements peuvent être avantageux à tous les membres de la société, ou à une partie d'entre eux sans être désavantageux pour les autres.
> 2° Certains autres mouvements ne peuvent être avantageux à une partie des membres de la société qu'en étant désavantageux aux autres." (*ibid.*, 501).

La configuration (2), typique des "institutions extractives", ne peut être soutenable dans le temps puisque l'enrichissement de la société se fait *aux dépens* d'une partie de la société, position

---

[1] Il est instructif, pour notre propos, de voir que Pareto (1909, 488 et s.) débute son chapitre relatif au "phénomène économique concret" par la représentation d'une société divisée en deux classes : "Deux classes se trouvent actuellement en présence : nommons les A et B. La lutte entre elles s'accentue de jour en jour, et ne peut que finir par quelque bataille décisive. Les membres de la première classe cherchent, chacun de son côté, à s'enrichir, sans trop se soucier de l'intérêt commun de leur classe ; les membres de la seconde mettent cet intérêt avant tout, et attendent, à tort ou à raison, l'amélioration de leur situation particulière d'une victoire commune de toute la classe."

[2] ce qui pose deux types de problèmes : "1° Choix des liaisons, pour atteindre un certain but ; 2° Les liaisons étant données, choix des mouvements à effectuer, parmi ceux qui sont possibles." (*ibid.*, 500).

éloignée du maximum d'ophélimité puisqu'il y a "contraste entre l'intérêt des personnes qui tirent parti de cette situation [*i.e.* l'"élite", l'oligarchie] et l'intérêt général" (*ibid.*, 503). La situation (1) permet, quant à elle, la définition d'une inclusivité *a minima*, où "le maximum pour la société entière" (*ibid.*, 502) passe par une "organisation sociale en sorte que tous les membres de la société puissent jouir de plus de bien être, ou du moins qu'une partie de ces membres puisse jouir de plus de bien être, *sans nuire aux autres.*" (*ibid.*, 502-3, nous soulignons).

On se situe, ici, dans le cadre de ce qui est communément dénommé un *optimum* parétien ou maximum parétien, état réalisable de la société dans lequel on ne peut améliorer le bien-être d'un individu sans détériorer celui d'au moins un autre. On considère également que toute situation qui améliore le bien-être d'un individu sans détériorer celle des autres est une amélioration parétienne, qui reste éloigné du "maximum d'ophélimité" puisque le gain (l'enrichissement) des uns peut se réaliser avec l'invariance (ni gain, ni perte) de la position économique, donc la perte *relative*, des autres (*i.e.* les "déclassés"). Cette situation de creusement des inégalités (à laquelle il convient d'ajouter la pauvreté, *i.e.* les "exclus"[1]) montre que lorsque "la position de maximum d'ophélimité n'est pas atteinte, le développement, le bénéfice d'une branche donnée de l'activité économique n'est pas nécessairement un bénéfice pour la société. Il ne le devient que lorsque la position du maximum d'ophélimité est atteinte." (*ibid.*, 503). Partant, la soutenabilité (cohésion) de la société ne peut se concevoir, à l'échelle de "la vie intelligible de l'individu" (*cf. supra*), que dans la recherche sincère par les Politiques et les possédants (fondement des croyances et des espoirs) et la concrétisation (réalité) d'une équité dans la répartition (redistribution) de ces gains de bien-être ; autrement dit la correction des inégalités et l'éradication de la pauvreté, dépassant les limites des conditions strictes de pareto-optimalité, et auxquelles on ne peut remédier par le simple progrès général des

[1] Comme le souligne, avec justesse, Galbraith (1986, 302), un des résultats des économies prospères a été de "transformer la pauvreté, d'un problème de majorité, en un problème de minorité. Elle cessa de représenter un cas général pour devenir un cas particulier."

revenus, doit trouver une solution satisfaisante dans le nécessaire investissement régulier et important dans le secteur public (revenu minimum, fiscalité soucieuse de redistribution, Biens et Services publics, *etc.*) adapté à la production privée, en faveur d'une plus large inclusion. Dans ces conditions, l'ordre social est susceptible d'atteindre une position d'équilibre social peu éloignée du maximum d'ophélimité, capable de contenir "les antagonismes économiques [qui] naissent du fait qu'il est de l'intérêt de certaines personnes d'établir l'équilibre en un point qui ne correspond pas à un point de maximum d'ophélimité pour la collectivité entière. Le cas le plus commun est celui du monopole ; mais il en est une infinité d'autres" (Pareto, 1909, 666).

Pour paraphraser la pensée de Keynes contenue dans ses "Notes succinctes suggérées par la *Théorie générale*" [*Concluding notes on the social philosophy towards which the General Theory might lead*], ne pouvant transformer en profondeur la nature humaine, il convient de s'interroger sur les conditions du gouvernement de cette nature : "tant que l'homme moyen ou même une fraction notable de la communauté sera fortement adonnée à la passion du lucre [*the money-making passion*], la sagesse et la prudence commanderont sans doute aux hommes d'État d'autoriser la pratique du jeu sous certaines règles et dans certaines limites." (1936 dans 1969, 368 [374]). À l'échelle intelligible d'une vie humaine, où "l'euthanasie du rentier et du capitaliste oisif" [*the euthanasia of the rentier, of the functionless investor*] (*ibid.*, 369 [376]) sont inopérantes à modifier la vie réelle des gens, notamment des plus défavorisés, seul "l'élargissement des fonctions de l'État" [*the enlargement of the functions of government*] permettra "d'éviter une complète destruction des institutions économiques actuelles et comme la condition d'un fructueux exercice de l'initiative individuelle." [*avoiding the destruction of existing economic forms in their entirety and as the condition of the successful functioning of individual initiative*] (*ibid.*, 373 [380]).

Conclusion

La prise en compte de la nature des Institutions, notamment la double asymétrie entre extractivité et viabilité systémique, d'une part, et inclusivité et soutenabilité institutionnelle, d'autre part, nous a conduit à cerner les *modus vivendi* et les *modus operandi* de même que les biens publics (l'éducation, en particulier) préservateurs susceptibles, par la correction des inégalités et la lutte contre la pauvreté, de renforcer l'inclusivité, donc extirper les démons du capitalisme, ses "deux vices marquants" pour reprendre Keynes (1936 dans 1969, 366), le fait que "le plein emploi n'y est pas assuré" et que "la répartition de la fortune et du revenu y est arbitraire et manque d'équité". Cette inclusivité renforcée doit permettre, en corrigeant "l'individualisme du régime capitaliste moderne", d'éviter "une complète destruction des institutions économiques actuelles" (*ibid.*, 373). Cette réflexion, qui relie la réalité du pouvoir aux motivations économiques, nécessite d'échapper à la stricte discipline du marché (et sa supposée validité éternelle), de dépasser le conflit théorique entre l'économie de marché privée et l'État, et démontre, par là même, comme le souligne Galbraith dans "L'Économie en perspective : une histoire critique" (1987 dans 2007, 540), "qu'il n'est pas souhaitable que la science économique vive séparément de la politique". Cette nécessité d'une véritable Économie-politique se retrouve dans le rôle décisif que doit jouer l'éducation, dans l'investissement humain de même que l'accumulation du capital humain, qui ne se limitent pas aux "services rendus" à la rentabilité du système économique, mais contribuent à la "paix sociale" (espoir et matérialisation intergénérationnels de "l'ascenseur social"), où la promotion sociale par le mérite permet la dignité et l'équité sociales, donc la stabilité politique. De même, l'éducation, en permettant d'accéder à la capacité d'être citoyen, d'intervenir sur les principaux sujets de société, notamment par le biais du système électoral et d'une délégation consentie à l'État, est une condition *sine qua non* de la démocratie. Enfin, l'éducation rend la démocratie indispensable, l'inscrit dans la dynamique *quasi* irréversible de l'histoire "l'histoire longue, lente à se déformer" (Braudel, 1985, p. 89), conséquence naturelle du niveau de développement de l'économie et de l'éducation, et condition à sa pérennité.

Références

Acemoglu D., Robinson J.A. (2015), *Prospérité, Puissance et Pauvreté. Pourquoi certains pays réussissent mieux que d'autres* (2012), Genève, éditions Markus Haller.

Aghion Ph. (2002), "Les défis d'une nouvelle théorie de la croissance", *L'Actualité économique*, 78 (4), décembre 459-486.

Braudel F. (1985), *La dynamique du capitalisme*, Paris, Les Editions Arthaud.

Braudel F. (1987), *Grammaire des Civilisations*, Paris, Les Editions Arthaud, Flammarion.

Facchini F. (2008), "Culture, diversité cultuelle et développement économique. Une mise en perspective critique des travaux récents", *Revue Tiers Monde*, n° 195 (3), 523-554.

Galbraith J.K. (1986), *L'ère de l'opulence* (1958), Paris, Calmann-Lévy, coll. "Liberté de l'esprit".

Galbraith J.K. (2007), *Economie hétérodoxe*, Paris, Editions du Seuil, coll. "opus".

Galor O., Zeira J. (1993), "Income Distribution and Macroeconomics", *Review of Economic Studies*, 60 (1), january, 35-52.

Gilles Ph. (2018), *L'Actualité des textes fondateurs. Adam Smith, Karl Marx et John Maynard Keynes*, Paris, Classiques Garnier, coll. "Bibliothèque de l'économiste", n° 18.

Hirschman A.O. (1980), *Les passions et les intérêts. Justifications politiques du capitalisme avant son apogée* (1977), Paris, Presses Universitaires de France, coll. "Quadrige" n° 245.

Keefer Ph., Vlaicu R. (2005), "Democracy, Credibility and Clientelism", *Policy Research Working Paper*, n° 3472, World Bank, Washington DC.

Keynes J.M. (1969), *Théorie générale de l'emploi, de l'intérêt et de la monnaie* (1936), Paris, Editions Payot, coll. "Bibliothèque scientifique Payot".

Keynes J.M. (2009), "La fin du laisser-faire" (1926) dans *Sur la monnaie et l'économie* (1923-31), Paris, Payot & Rivages, "Petite bibliothèque Payot", n° 24.

Keynes J.M. (2013), *The General Theory of Employment, Interest and Money* (1936), Cambridge (UK), Cambridge University Press for "The Royal Economic Society", The collected writings of John Maynard Keynes, vol. VII.

Lipset S.M. (1959), "Some Social Requisites of Democracy: Economic Development and Political Legitimacy", *American Political Science Review*, LIII (1), march, 69-105.

Lucas R.E. (1988), "On the Mechanics of Economic Development", *Journal of MonÉtary Economics*, 22 (1), july, 3-42.

Marx K. (1965), *Œuvres Economie*, T. I, Paris, Editions Gallimard, nrf, coll. "Bibliothèque de La Pléiade".

North D.C. (1982), *Structure and Change in Economic History*, New York, W.W. Norton and Co.

North D.C., Wallis J.J., Weingast B.R. (2010), *Violence et ordres sociaux. Un cadre conceptuel pour interpréter l'histoire de l'humanité* (2009), Paris, Editions Gallimard, nrf, coll. "Bibliothèque des Sciences humaines".

Pareto V. (1909), *Manuel d'économie politique*, Paris, V. Giard & E. Brière, Libraires-Editeurs, "Bibliothèque internationale d'économie politique".

Schumpeter J.A. (1990), *Capitalisme, socialisme et démocratie* suivi de *Les possibilités actuelles du socialisme* et *La marche au socialisme* (1947), Paris, Editions Payot, "Bibliothèque historique".

Smith A. (1874), *An Inquiry into the Nature and Causes of the Wealth of Nations* (1776), London, George Routledge & Sons, Limited, New York, E. P. Dutton & Co.

Smith A. (1991), *Recherches sur la Nature et les Causes de la Richesse des Nations* (1776), Tomes I et II, Paris, Flammarion, coll. "GF" n° 598 et 626.

Uzawa H. (1965), "Optimum Technical Change in an Aggregative Model of Economic Growth", *International Economic Review*, 6 (1), january, 18-31.

Table des matières

ÉCONOMIE DE L'ENVIRONNEMENT ET DES RESSOURCES NATURELLES

AUX ÉDITIONS L'HARMATTAN

Dernières parutions

GESTION DES DÉCHETS SOLIDES MÉNAGERS ET SÉGRÉGATION SOCIO-SPATIALE DANS LA VILLE DE CONAKRY

Marie Rose Bangoura

Préface de Laurien Uwizeyimana

Cet ouvrage essaie d'analyser les raisons de l'échec de la gestion des déchets solides ménagers dans la ville de Conakry dans un contexte de ségrégation socio-spatiale. Il tente également de construire une perspective de gestion qui puisse prendre en compte le traitement et la valorisation des déchets dans cette ville.

(Coll. Études africaines, 660 p., 49 euros)

ISBN : 978-2-343-15829-7, EAN EBOOK : 9782140114373

LA COGESTION DES RÉSERVES DE BIOSPHÈRE DE WAZA ET DE LA BÉNOUÉ DANS LE NORD DU CAMEROUN

Un modèle et son revers

Saleh Adam

Au Cameroun, en fonction de leur richesse, de leur vulnérabilité et de leur importance internationale, les espaces sont classés en réserves de forêt, réserves de faune ou parcs nationaux et sanctuaires. C'est ainsi que les parcs de la Bénoué et de Waza ont été reclassés puis élevés au rang de réserves de biosphère en 1981 et 1982. Bien que bénéficiant de ce statut, ayant chacune un plan d'aménagement et cogérées entre l'administration des eaux et forêts et les populations riveraines, les deux aires protégées se dégradent au fil du temps. La cogestion est en phase de produire les résultats inverses de ceux qu'elle était supposée générer.

(Coll. Études Eurafricaines, 302 p., 31 euros)

ISBN : 978-2-343-16174-7, EAN EBOOK : 9782140106378

BOMB "N": RESSOURCES, MYSTERIES AND OPPORTUNITIES OF THE CONGO BASIN

Advocacy of Denis Sassou N'Guesso for the protection of the planet

The green vision reviewed and deepened

Michel Innocent Peya

this book is devoted to the Congo basin, the second largest reserve in the world: its natural ressources, its mysteries, legal and institutional framworks, national, subregional and international levels that protect it. The basin of Congo is an African opportunity for the whole world. its preservation and its protection over time are an action of conscience, will, commitment, determination ans sacrifies for the benefit of humanity.

(268 p., 28 euros)

ISBN : 978-2-343-15595-1, EAN EBOOK : 9782140098154

BOMBE "N" : RICHESSES, MYSTÈRES ET OPPORTUNITÉS DU BASSIN DU CONGO

Plaidoyer de Denis Sassou N'Guesso pour la protection de la planète

La vision verte revue et approfondie

Michel Innocent Peya

Cet ouvrage se consacre au bassin du Congo : ses richesses naturelles, ses mystères, les cadres juridiques et institutionnels nationaux, sous-régionaux et internationaux qui le protègent. Sa préservation et sa protection sur la durée sont une action de conscience, de volonté, d'engagement, de détermination, et des sacrifices pour l'intérêt de l'humanité. La nature ne peut se défendre seule, le bassin du Congo trouve parmi ses fils amoureux de la nature un porte-parole dans la personne du président de la République du Congo, Denis Sassou N'Guesso.

(280 p., 28 euros)

ISBN : 978-2-343-15369-8, EAN EBOOK : 9782140095634

ENVIRONNEMENT ET QUARTIERS POPULAIRES

Paroles, pratiques, initiatives d'habitants

Denis Blot, Johanna Descoings et Christian Fabry

La question de l'environnement s'arrête-t-elle aux frontières des quartiers d'habitat social ? Que disent les occupants de la façon dont ils investissent leur espace ? Ces paroles et ces expériences révèlent que, dans les quartiers populaires, des habitants exercent un « pouvoir d'agir » actionnant en même temps les ressorts de l'environnement et de la solidarité. Il y a là des chemins d'innovation sociale d'un grand intérêt.

(Coll. Villes en mouvement, 240 p., 17 euros)

ISBN : 978-2-296-12098-3, EAN EBOOK : 9782140088964

THE BLUE FUND

Mechanism of financing and management of the Congo Basin for the protection of the global environment

Michel Innocent Peya

This book is about the Blue Fund Program, created at the inititive of the African head of States, with the purpose of protecting the Congo Basin against climate warming. It explains the opportunities initiated and the challenges this project will face. The book constitutes a true advocacy for the preservation of the Congo Basin, that needs the support of world leaders and influencers.

(236 p., 25 euros)

ISBN : 978-2-343-14443-6, EAN EBOOK : 9782140078576

LE FONDS BLEU

Mécanisme de financement et de gestion du Bassin du Congo pour la protection de l'environnement mondial

Michel Innocent Peya

Le programme du Fonds bleu, créé à l'initiative des chefs d'État d'Afrique a pour objectif de protéger le Bassin du Congo contre le réchauffement climatique.

Paraphrasant Denis Sassou N'Guesson, l'auteur dénonce le poids des dégâts de l'exploitation irrationnelle et abusive de la planète et plaide pour que ce 2ème poumon mondial de réserve d'eau et de forêt fasse partie du patrimoine écologique de l'humanité - pour un avenir prometteur.

(260 p., 26 euros)

ISBN : 978-2-343-14178-7, EAN EBOOK : 9782140065019

EXPLOITATION PÉTROLIÈRE ET MUTATIONS SPATIO-ÉCONOMIQUES DANS LE LOGONE ORIENTAL (TCHAD)

Vincent Moutedé-Madji

Préface de Géraud Magrin

Le Logone oriental à 80% agricole subit depuis 2000 les mutations spatiales liées aux infrastructures du projet pétrolier de Doba. Il en résulte des conflits fonciers entre les différents acteurs et avec la population de la zone productrice qui n'a pas pu profiter de la manne pétrolière. Ce livre analyse le contact entre un système pétrolier on-shore et son espace dans le contexte tchadien. Un nouveau plan de gestion de l'environnement et l'actualisation du plan de développement local de la région productrice est nécessaire pour être viable à l'avenir.

(Coll. Études africaines, 420 p., 39 euros)

ISBN : 978-2-343-08658-3, EAN EBOOK : 9782140057953

Structures éditoriales du groupe L'Harmattan

L'Harmattan Italie
Via degli Artisti, 15
10124 Torino
harmattan.italia@gmail.com

L'Harmattan Hongrie
Kossuth l. u. 14-16.
1053 Budapest
harmattan@harmattan.hu

L'Harmattan Sénégal
10 VDN en face Mermoz
BP 45034 Dakar-Fann
senharmattan@gmail.com

L'Harmattan Cameroun
TSINGA/FECAFOOT
BP 11486 Yaoundé
inkoukam@gmail.com

L'Harmattan Burkina Faso
Achille Somé – tengnule@hotmail.fr

L'Harmattan Guinée
Almamya, rue KA 028 OKB Agency
BP 3470 Conakry
harmattanguinee@yahoo.fr

L'Harmattan RDC
185, avenue Nyangwe
Commune de Lingwala – Kinshasa
matangilamusadila@yahoo.fr

L'Harmattan Congo
67, boulevard Denis-Sassou-N'Guesso
BP 2874 Brazzaville
harmattan.congo@yahoo.fr

L'Harmattan Mali
Sirakoro-Meguetana V31
Bamako
syllaka@yahoo.fr

L'Harmattan Togo
Djidjole – Lomé
Maison Amela
face EPP BATOME
ddamela@aol.com

L'Harmattan Côte d'Ivoire
Résidence Karl – Cité des Arts
Abidjan-Cocody
03 BP 1588 Abidjan
espace_harmattan.ci@hotmail.fr

L'Harmattan Algérie
22, rue Moulay-Mohamed
31000 Oran
info2@harmattan-algerie.com

L'Harmattan Maroc
5, rue Ferrane-Kouicha, Talaâ-Elkbira
Chrableyine, Fès-Médine
30000 Fès
harmattan.maroc@gmail.com

Nos librairies en France

Librairie internationale
16, rue des Écoles – 75005 Paris
librairie.internationale@harmattan.fr
01 40 46 79 11
www.librairieharmattan.com

Librairie l'Espace Harmattan
21 bis, rue des Écoles – 75005 Paris
librairie.espace@harmattan.fr
01 43 29 49 42

Lib. sciences humaines & histoire
21, rue des Écoles – 75005 Paris
librairie.sh@harmattan.fr
01 46 34 13 71
www.librairieharmattansh.com

Lib. Méditerranée & Moyen-Orient
7, rue des Carmes – 75005 Paris
librairie.mediterranee@harmattan.fr
01 43 29 71 15

Librairie Le Lucernaire
53, rue Notre-Dame-des-Champs – 75006 Paris
librairie@lucernaire.fr
01 42 22 67 13

www.ingramcontent.com/pod-product-compliance
Lightning Source LLC
LaVergne TN
LVHW010937061026
849535LV00007B/2452
9782343177717